Spirituelle Rückführungen

Teil

Der Weg ist das Ziel

Anleitung zum besseren Verstehen sowie zur Durchführung von Spirituellen Rückführungen

Die Freisetzung von Selbstheilungskräften wird angestrebt, in erster Linie der geistigen, dann auch der körperlichen und zudem jene des sozialen Daseins. Die Heilung von Gebrechen steht bei den Spirituellen Rückführungen niemals im Vordergrund!

Letztlich geht es um den Weg zur Heilung.

Bei gesundheitlichen Bedenken, bei physischen oder bei psychischen, wende Dich bitte an einen Arzt, Heilpraktiker oder Therapeuten Deines Vertrauens.

Günter Skwara

Spirituelle Rückführungen

Teil 1

Der Weg ist das Ziel

Anleitung zum besseren Verstehen sowie zur Durchführung von Spirituellen Rückführungen

Bibliografische Information der Deutschen Nationalbibliothek:
Die Deutsche Nationalbibliothek verzeichnet diese Publikation in der Deutschen Nationalbibliografie; detaillierte bibliografische Daten sind im Internet über http://dnb.dnb.de abrufbar.

© 2019 **Günter Skwara**

Illustration: **Günter Skwara**

Herstellung und Verlag:

BoD – Books on Demand, Norderstedt

ISBN: 978-3-**7431**-**9299**-7

Inhaltsverzeichnis

Diese Aufschreibungen sind an all jene Menschen guten Willens gerichtet, die ihren Mitmenschen ebenfalls hilfreich zur Seite stehen möchten.
Wer anstrebt Spirituelle Rückführungen durchzuführen, sollte einfach ein gewisses Grundlagenwissen erfahren und beherrschen sowie Fähigkeiten erlangen, die ihn dazu befähigen, seinen Freunden und Freundinnen eine begleitende Stütze im Leben zu sein.

Im Vorfelde möchte ich, um Missverständnissen vorzubeugen, eines klar hervorheben: **Ein Spiritueller Rückführer ist weder ein Motivator noch ein Coach, der jemanden voran bringen möchte.**

In der Ansprache wähle ich mit Bedacht die Du-Form, weil wir uns als Geistige Wesen immer näher stehen als im menschlichen Umgang miteinander.

Kapitel 01 – Absichtserklärung

                          Seite 08

Kapitel 02 – Grundlagen des Studierens

                          Seite 25

Kapitel 03 – Spirituelle Maßnahmen

                          Seite 33

Kapitel 04 – Haftungsausschluss

                          Seite 38

Kapitel 05 – Aktionszyklen

                          Seite 39

Kapitel 06 – Keine Macht den Drogen

                          Seite 44

Kapitel 07 – Spirituelle Rückführungen
　　　　　　　　　　　　　　　　　　Seite 51

Kapitel 08 – Reinkarnation, Seelenwanderung?
　　　　　　　　　　　　　　　　　　Seite 64

Kapitel 09 – Persönliche Voraussetzungen
　　　　　　　　　　　　　　　　　　Seite 72

Kapitel 10 – Beschreibung der Durchführung
　　　　　　　　　　　　　　　　　　Seite 77

Kapitel 11 – Risiken einer Rückführung
　　　　　　　　　　　　　　　　　　Seite 83

**Kapitel 12 – Deine Rolle
　　　　　　　　als Spiritueller Rückführer**
　　　　　　　　　　　　　　　　　　Seite 85

Kapitel 13 – Wertvolle Grundsätze
　　　　　　　　　　　　　　　　　　Seite 88

Kapitel 14 – Einstimmung
　　　　　　　　　　　　　　　　　　Seite 94

Kapitel 15 – Weitergehende Übungen
　　　　　　　　　　　　　　　　　　Seite 97

Kapitel 16 – Übernahme ethischer Richtlinien
　　　　　　　　　　　　　　　　　　Seite 105

Kapitel 17 – Druiden des TAO
　　　　　　　　　　　　　　　　　　Seite 108

Botschaft der Druiden des TAO für alle Menschen guten Willens

Die Fähigkeit zur Durchführung von Spirituelle Rückführungen wurde unter anderem den Druiden des TAO vom Sonnensystem Atalant übergeben. Dieses Doppel-Sonnensystem, innerhalb dieser Galaxis, genannt Milchstraße, ist die ursprüngliche Heimat vieler Menschen auf dem Planeten Erde.

Spirituelle Rückführungen haben das große Ziel der Transformation von menschlichen Wesen zu geistigen TAO-Wesenheiten.

In der letzten Konsequenz führt sie zum BewusstSein der Transzendenz im Göttlichen TAO, unser aller Ursprung, mit dem wir seit Anbeginn untrennbar verbunden sind.

Wie wir im Verlaufe dieser Darlegungen noch sehen werden, haben Spirituelle Rückführungen weder etwas mit Gut oder Böse noch mit Schuld und Sühne zu tun. Hierbei geht es ausschließlich um die Erkenntnis das Höhere Selbst zu sein.

Die Selbsterkenntnis, die Selbsterfahrung, die Selbstverwirklichung, die Selbstständigkeit bringen den Sinngehalt sowohl in die Maßnahme der Spirituellen Rückführungen, als auch einen höheren Sinn in das Leben der rat- und hilfesuchenden Freunde und Freundinnen.

Ein Spiritueller Rückführer, sei er nun ein Druide des TAO oder auch nicht, ist immer der liebevolle Begleiter auf dem Weg zum Selbst. Dabei darf er von sich aus keinerlei eigene Vorgaben einbringen wollen. Ihm steht es nicht zu irgendeinen Druck auszuüben.

Er ist weder ein Motivator noch ein willensstarker Coach. Er ist lediglich der helfende Begleiter auf dem Weg.

Wie jemand diesen Pfad beschreiten will, muss jeder, vom möglichen Anfang bis zu irgendeinem Ende, für sich selbst entscheiden dürfen.

Entsprechend dem Motto:

„**Du bist ein freies Geistiges Wesen.
Daher komm, bleib oder geh Deinen Weg.**"

Absichtserklärung
Einführung

Die Sichtweise vom „Großen Spiel", des geistigen Kosmos, des physikalischen Universum sowie des Lebens, lässt uns ein etwas freieres Denken einnehmen, als bei Denkstrukturen der Anderen, sehr intensiv im Körperlichen gefangenen Mitwesen.

Diese Sicht hebt uns aus dem Dasein abhängiger Sklaven heraus.

Was ist nun meine Absicht, wenn ich Spirituelle Rückführungen anbiete?

Aus meiner nun schon jahrzehntelangen Arbeit mit den Spirituellen Rückführungen habe ich feststellen dürfen, dass wir alle, Menschen, Tiere, Pflanzen und Mineralien, irgendwie miteinander in Verbindung stehen, über die von unseren Verstandeskonstrukten aufrecht erhaltene Vorstellung langer Zeiten und weiter Räume hinweg.

Der Raum mit seinen energetischen sowie materiellen Ausprägungen und speziell der Ablauf von Zeit sind von uns im Miteinander dauerhaft aufrecht erhaltene Illusionen.

Sie existieren lediglich in der geistigen Übereinstimmung, die wir gemeinsam Realität nennen.

Dabei ist Zeit nichts weiter als: Bewegung im Raum - nichts anderes als die Bewegung von Energien und Materie im Raum.

Materie ist wiederum lediglich eine andere Ausprägung von Energie, ein entsprechendes Energiepotenzial das einfach relativ zur Umgebung relativ still steht.

Zudem wurde mir klar: Es gibt weder Zufälle noch Schicksalsschläge, auch kein Kismet oder dergleichen. Es gibt so gut wie kein dramatisch geladenes Ereignis dieses Lebens, das wir nicht in ähnlicher Form, in früheren Leben schon einmal durchlaufen haben.

Damit Du meine Ansichten noch besser verstehen kannst, erzähle ich Dir hier zum Einstieg etwas wirklich entscheidend Wichtiges aus unserer - nicht von irgend jemand anderem – gemeinsamen Vergangenheit:

Vor langer, langer, wirklich sehr langer „Zeit", damals als dieselbe noch nicht einmal als solche darstellbar war, es dafür keine Wichtigkeit gab, wollten beziehungsweise sollten wir spielen.
Wir waren in höchstem Grade kreativ. Wir waren fähig Dinge und Szenen zu erschaffen, allein aus der Kraft unserer machtvollen Gedanken heraus.
Unser TAO-gerechtes, Göttliches Künstlerdasein regte uns mit aller Macht dazu an, etwas miteinander zu gestalten.

So einigten wir uns aus freiem Willen darauf, die wir noch sehr „eng" beieinander waren, geistig intensiv verbunden, uns in einem großen, gemeinsamen Spielgeschehen zu verwirklichen.

Gesagt, getan, beziehungsweise auf der höchst reinen, geistig verknüpften Ebene telepathisch damit übereingestimmt, einfach erdacht, schließlich doch wieder zusammen getan, erschufen wir uns ein Spielfeld: Unser ursprünglich noch ausschließlich geistig zu nennender Kosmos wurde zu einem physikalischen Universum, zu einem der vielen Vorläufer unseres jetzigen Universum.

Der spielerische Einstieg bestand anfangs einfach darin Raum zu erschaffen, um sich dann in ihm Formen ausdenken zu können.

Dies probierten wir aus, im Miteinander oder jeder für sich. Wir visualisierten uns gegenseitig Möglichkeiten und erschufen nach und nach Gemeinsames.
In der Anwendung des Prinzips von Versuch und Irrtum, bis hin zu Versuch und Erfolg, schufen wir vielerlei Dinge und entwickelten Regelungen mit denen wir im Großen und Ganzen übereinstimmen konnten.
Die telepathische Kommunikation war „damals" (in der Zeit ohne Zeit) unser gemeinschaftliches Denken.

Wir waren dadurch in jedem imaginären „Raum", einem neu erschaffenen "Ort", zu jeder noch immer nicht vorhandenen "Zeit" sehr nahe beieinander (das sagte ich zwar schon, aber man kann es nicht oft genug wiederholen).

Raum, Tiefe, Form und Struktur mussten erst konstruiert werden; wie auch sämtliche, noch bis zum heutigen Tage mehr oder minder gültigen, bis schon fast endgültigen Naturgesetze.
Diese Regelungen wurden im Laufe des schöpferischen Prozesses aufgestellt, gebrochen und immer wieder neu gefügt.

Als - nach Äonen heutiger Betrachtungsweise und Zeitrechnung - alles halbwegs soweit fertiggestellt war, wurde das Spielgeschehen erst einmal ziemlich langweilig. Wir „lehnten uns zurück" und genossen das gemeinsam geschaffene Werk.

Erst durch das bewusst eingeführte **Vergessen**, dem Herausfallen aus dem alles Können und dem Allwissen, nahm der Erschaffungsprozess wieder Fahrt auf.

Eine von anderen Wesenheiten (nicht aus unserem universalen Spielfeld > ein anderer Teil der Geschichte) zwangsweise eingebrachte Idee, dass es auch Gegenspieler geben könnte machte das Spielsystem zudem noch interessanter und lebendiger oder auch tödlicher, somit etwas gefährlicher.
Dadurch traten Stärkere und Schwächere auf den Plan, die sich gegenseitig irgendwie austricksten, um Gewinne zu erzielen.
Die bis heute wirkenden Gegensatzpaare der Gefühle, von trennendem Hass bis zu verbindender Liebe, waren uns trotz der erlittenen Niederlagen vorläufig weiterhin völlig fremd. Für uns gab es weder Gut noch Böse. Das Spiel machte einfach nur Spaß.

Lasst uns daher jetzt, zum leichteren Verstehen, einige Milliarden Jahre heutiger Zeitrechnung überspringen.
Das Universum ist nämlich insgesamt wesentlich älter als man es uns glauben machen möchte oder es die Damen und Herren der Wissenschaft selbst meinen.

Der so genannte Urknall ist nicht der wahre Beginn. Für uns, als noch relativ rein geistige Wesen, war die Zeitrechnung eh noch immer nicht wichtig. Erst langsam (oder doch schnell!?) maßen wir dem Zeitrahmen immer mehr Bedeutung bei.

Wir aus TAO und durch TAO entstandenen Geistwesen, die wir selbst TAO waren und bis heute sind, beschäftigten uns lange, lange „Un-Zeit" erst einmal damit, das Spiel zu vervollständigen.

Wir begannen auch damit, das nun ziemlich gigantisch gewordene Spielfeld, genannt Universum, unter uns aufzuteilen.

Wir fügten, aus uns selbst heraus, weitere geistige Aspekte verschiedener Arten ins Geschehen ein.

Das Ganze sollte einfach immer interessanter und dramatischer gestaltet sein.

Durch die Schaffung von Körpern, in großer Zahl und Vielfalt - nicht nur die heute bekannten Fleischkörper - ließen wir den gemeinsamen, geistigen TAO-Ursprung zunehmend hinter uns.

Wir verstrickten uns immer tiefer in das Spielgeschehen: Vom "Leben erleben", bis hin zum brutal geführten „Kampf ums Überleben".

Dies ist durchaus vergleichbar mit real gewordenen Schachphantasien oder mit modernen, holographischen Computerspielen. Menschen vertiefen sich in derartige Spielwelten bis zum Exzess. Sie erleben dabei eine zunehmende Sucht.

Zu einer als „später" zu bezeichnenden Zeit wurde das „Rad des Lebens" oder Ähnliches geschaffen, beziehungsweise wir haben damit übereingestimmt.

Jetzt hatten wir tatsächlich einen Zeitrahmen durch den ständig wiederkehrenden Rhythmus von Leben, Sterben, Tod und möglicher Wiedergeburt eingeführt.

So steuerten wir, als TAO-Seele, nun ab und zu einige Körper - Mensch, Tier, Pflanze oder … .

Wir agierten beim Ablauf der Machenschaften von Leben, wie etwa von Biomassen, mit wachsender Begeisterung.

Im Zuge der Einführung der Zeitabläufe, Zeit war nun an verschiedenen Zyklen nachvollziehbar und sogar real messbar geworden, verstärkten wir auch ein altes Spielelement: Das Vergessen.

Zunehmendes Vergessen reduzierte unser jeweiliges Wissenspotenzial erheblich, erhöhte damit aber zugleich den Reiz im Spiel.

Ein Nicht-Können oder das Wollen von Nicht-Können machte uns immer mehr zu den hilfsbedürftigen Wesen, die wir heute besonders deutlich darstellen.

Erst beim Ablegen von Körpereinheiten, so genannt Tod, fanden wir, zumindest damals noch, erneut einen gewissen Anschluss an unseren Ursprung und an den ursprünglichen Wissensschatz. Dieses Erkennen verflog allerdings mehr und mehr.

Speziell die irgendwie menschlichen Körpereinheiten waren für uns so faszinierend, dass wir uns immer öfter und immer enger mit ihnen verbanden.

Wir empfanden regelrecht überwältigend aufregende Verlustgefühle, wenn die Menschenähnlichen andauernd zu Tode kamen. Das geschah dann entweder nach dem Ablauf von durch uns vorgegebenen Lebenszyklen oder gewaltsam.

Das Spüren, das emotionale Fühlen dieser Körper, auf der Basis biochemischer Elektrizitätsphänomene, war für uns faszinierend, in höchstem Masse anziehend, geradezu erregend.

Die niederdrückenden, ins Physikalische herabziehenden, heftigen Gefühlsstürme mit Wut, Schmerz, Angst, Trauer und Tod überwältigten viele von uns zunehmend.

Die Sucht danach ließ uns immer wieder, dann noch tiefer in den Strudel des Lebens eintauchen. Es zog uns regelrecht hinein.

Wer nun denkt, wir hätten immer nur einen neuen Körper übernommen, der irrt. Es gelang uns, den großen Geistwesen, das Führen ganzer Planetenvölker oder zumindest Teilen davon. Ein anderer Teil wurde dann von einem Kontrahenten geführt. Dadurch brachten wir den Spielverlauf so richtig in Schwung.

Im Verlaufe der fortschreitenden Zeiten fielen wir jedoch immer mehr dem Vergessen zum Opfer.

Unser bewusstes Sein wurde schwächer, immer schwächer. Auch über die wiederkehrenden Lebensabschnitte hinaus, die wir in den Körpern der verschiedenen Arten zubrachten, verfielen wir.

Bei jedem Neustart, in weitere Körperzyklen hinein, konnten wir uns nur noch vage daran erinnern, jemals zuvor gelebt zu haben, geschweige denn ein Geistiges Wesen zu sein.

Dennoch oder gerade deshalb wirkten frühere Erlebnisse, aus einem nichtbewussten Dasein heraus, in die jeweilige Gegenwart herein. Speziell die als sehr dramatisch empfundenen Geschehnisse ließen uns über Ewigkeiten hinweg nicht mehr los.

Darüber hinaus wurde (wir haben es selbst bewirkt, haben es zugelassen oder einfach damit übereingestimmt) unser ursprüngliches, gewaltiges BewusstSein aufgeteilt, gespalten, über Raum und Zeit verstreut und dabei auf viele, viele verschiedene Körpereinheiten gesplittet.

Es war, als hätten wir die TAO-Seele aufgeteilt, was natürlich so nicht möglich ist. Dennoch, wir erlangten dadurch wahrhaft Kontrolle über viele, weit, weit auseinander befindlichen, sowohl geistiger als auch körperlicher Einheiten.

Erst jetzt können wir uns wieder in erkennbarem Umfange wahrnehmen, als TAO, als uns Selbst, die Geistige Wesenheit, eben mit Hilfe von Spirituellen Rückführungen oder gegebenenfalls von hochwertigen Meditationen.

Beispiel **1**: In einer spirituellen Sitzung konnte ich einem Freund dabei helfen mit einem zweiten „Ich" auf Erden Kontakt aufzunehmen. Er kam zu mir, weil er Probleme mit Alkohol hatte. Eigentlich wollte er nicht mehr trinken, kam aber einfach nicht davon los.

Also suchten wir nach den Ursachen. Erst räumten wir in seiner eigenen Vergangenheit auf. Doch das war es irgendwie nicht allein. Jetzt fragte ich: „Gibt es jemand anderen, der nicht Du bist, der Deine Problematik aufrecht erhält?"

Bingo!!! Wir fanden in Paris einen Clochard, eine Person ohne festen Wohnsitz. Der hauste unter einer Brücke und fühlte sich von Gott und der Welt verlassen. Seine chronisch gewordene Gemütsstimmung entsprach genau der meines Freundes. Und natürlich versuchte er alle Trübsal in Alkohol zu ertränken.

Noch während dieser einen, dann letzten Sitzung versorgte mein Freund diesen Clochard, bei dem er erkannte, dass er ebenfalls er selbst war, mit freundschaftlicher Liebe und Zuversicht. Dieser nun nicht mehr Fremde, erhob sich unmittelbar, verließ seinen unbequemen Unterschlupf und begann ein neues Leben. Vermutlich hatte er eine Eingebung wie von einem „heiligen Geist" oder dergleichen.

Von diesem Zeitpunkt an war das Alkoholproblem meines Freundes wie weggeblasen und das des anderen „Ich" ganz sicher auch.

Beispiel **2**: Ein anderer Freund war verzweifelt ohne Ende. Sein Leben hatte plötzlich jeglichen Sinn verloren. Er wollte sich nur noch in eine Ecke verkrümeln und heulen.

Zwei oder drei Spirituelle Rückführungen brachten zwar Erleichterung aber keine Lösung für seinen Zustand. Und auch hier sprach ich nach einigen Überlegungen die Formel: „Gibt es jemand anderen, der nicht Du bist, der Deine Problematik aufrecht erhält?"

Tatsächlich, wir fanden diesen Jemand. Immerhin war für meinen Freund mittlerweile schon nichts mehr unmöglich.

Deshalb konnte er die Situation widerspruchslos akzeptieren. Da wo er sich entdeckte war alles einfach nur trostlos. Die Welt um ihn herum war zerstört. Der gesamte Planet, der nicht die Erde war, lag in Schutt und Asche. Sein Volk war von einer fremden Rasse ausgelöscht worden. Die insektenartigen Invasoren waren wie die irdischen Heuschrecken über sein Planetensystem hereingebrochen. Es ging alle überraschend schnell. Ohne nennenswerte Gegenwehr ließ man die Fremden zwangsläufig gewähren. Nachdem alles „abgeerntet" war, zogen die Insekten weiter.

Jetzt saß er, der ehemalige „Gott", in den rauchenden Trümmern seiner Welt. Dass er tatsächlich der Erschaffer des ganzen Weltgeschehens war, musst mein Freund erst einmal verdauen.

Jedenfalls brauchte jener, als ehemaliger Hüter eines Volkes und der Erschaffer dieses Bereiches, dringend geistigen Beistand.

Im Verlaufe zweier Sitzungen gelang es meinem Freund dieses Überwesen, das er selbst war, mit frischer Energie zu versorgen. Ein Prozess des Erschaffens setzte ein. Die ferne Welt begann wieder zu grünen. Die Überreste des Volkes fanden sich zusammen und bildeten eine erstarkende Gemeinschaft.

Das Geistige Wesen, der mächtige „Gott", brachte völlig andere, wehrhafte Körpereinheiten hervor. Die Insekten sollten kein leichtes Spiel haben, wenn sie wieder einmal zur Ernte kämen.

Mein Freund zog sich zurück und überließ das Geschehen seinem anderen „Ich".

Ein Jahr später hatte er das Bedürfnis wieder einmal vorbei zu schauen. Es gelang uns tatsächlich, den Kontakt herzustellen. Mit Freude sah er, wie schnell der Planet sich erholt hatte, wie friedlich die Völker miteinander lebten und wie prächtig er sich erholt hatte.

Doch das wusste er bereits, denn ihm ging es seit diesen Sitzungen ebenfalls zunehmend besser.

Diese Beispiele sollen Euch nicht schrecken, sondern im Gegenteil dazu animieren und befähigen Euren Mitmenschen aus so manchem Schlamassel heraus zu helfen.

Lasst Euch bitte auf jegliche Absonderlichkeit ein, die Euch begegnen sollte. Als Helfer steht es Euch nicht zu, den Inhalt eines fremden Verstandes zu bewerten oder gar abzuwerten.

Was letztlich real ist, zeigt sich im Laufe mehrerer Spiritueller Rückführungen sowieso von selbst.

Auch mir erschienen die genannten Beispiele anfangs eher wie Hirngespinste. Doch als sich dann die Bilder mit Emotionen mischten und diese stabil, über mehrere Wiederholungen hinweg, auftauchten, stimmte ich dem Wahrheitsgehalt unumwunden zu.

Viele verschiedene Aspekte von uns hängen noch heute fest, in der Weite des so genannten Raum-Zeit-Kontinuum.

Dies kostet uns im Leben der Gegenwart eine Menge Energie, aufgrund der weithin verstreuten Aufmerksamkeitsanteile.

Viele der Aufmerksamkeitsanteile, unser energetisches Potenzial, sind in der linear festgefahrenen Vergangenheit gebunden, an damalige, dramatische Ereignisse sowie an ehemalige Körper.

Die Aufmerksamkeit ist tatsächlich eine energetisch geladene Hinwendung zu jemandem oder zu etwas. Mit dieser aufmerksamen Wahrnehmung bleiben wir stabil im Hier und Jetzt. Je weniger aufmerksam wir sind, umso geringer ist unser Bewusstsein zum unmittelbaren Dasein.

Erst die vollständige Loslösung von eigentlich längst Vergangenem lässt uns in der relativen Gegenwart auch wieder zu unserer ursprünglichen Größe und Kraft aufsteigen.

Dass wir heute trotzdem überhaupt noch existieren können, ist schon ein zumindest „kleines" Wunder.

Wir, TAO, die vom Ursprung her durchaus mächtigen Geistigen Wesen, steuerten über die zeitliche Zuordnung hinaus und steuern, wie wir gesehen haben, noch immer mehrere unterschiedliche Körpereinheiten. Dies geschieht sogar, ohne dass es uns jetzt unmittelbar bewusst ist.

Wir konnten oder können ganze Welten und Sonnensysteme mit Körpereinheiten bevölkern, deren einziger „Gott" wir einstmals waren oder sind.

Wir hatten tatsächlich die Macht über Leben und Tod jedes einzelnen unserer eigenen, selbst geschaffenen Individuen.

Völlig bewusst verteilten wir unsere Energie, eben die Einheiten an Aufmerksamkeit, auf das körperliche Dasein sowie das emotionale Erleben unserer Lebewesen.

Mit abnehmendem Bewusstseinsgrad verstreuten wir uns mehr oder weniger chaotisch (einige mehr, andere weniger), sowohl auf der illusionierten Linienführung von Zeit, als auch im mittlerweile weiten Raum des physikalischen Universum.

Das heißt für das Heute, der Illusion von flüchtiger Gegenwart:

Wir, jeder von uns, existieren derzeit zur gleichen (auch jetzt noch imaginären) Zeit in mehreren Körpern - nicht nur auf diesem Planeten.

Außerdem haben wir immer noch lebendige Verbindungen zu unseren früheren Leben und den entsprechenden früheren Körpern.

Besonders durch das, als höchst dramatisch empfundene, gewaltsame Sterben (Katastrophen, Krankheiten, Unfälle oder Tötungen), entstanden Verluste, die sich aufgrund der urplötzlich auftretenden Dramatik der unmittelbaren Kontrolle entzogen, insbesondere unseres Verstandes.

Speziell diese Dramatisationen banden damals und binden noch immer, unsere Lebensenergie an die Geschehnisse im Ablauf der Zeiten.

Nachdem wir, die Geistigen Wesen, uns demnach in unseren, ach so faszinierenden, biochemisch gesteuerten Kohlenstoff-Körpern eingeschlossen hatten, verloren wir auch zunehmend unsere geistigen Fähigkeiten.

Dies geschah zum großen Teil aus eigenem Entschluss oder zumindest in gewollter Übereinstimmung mit dem damit verbundenen Abenteuer.

Insbesondere mit Einführung der hauptsächlich geistig stark fixierenden Idee von fest vorgezeichneten Zeitabläufen (wie zum Beispiel bei dem „Rad des Lebens"), gelang es uns nun nicht mehr so leicht, wenn überhaupt, den ach so wertvoll gewordenen Organismen zu entkommen.

Lasst Euch jetzt bitte auf eine sehr ungewöhnliche Betrachtungsweise unseres jeweiligen Daseins ein:

Stellt Euch bitte eine mehr oder weniger kugelförmige Struktur vor. Wir selbst, als übergeordnete, höhere TAO-Seele befinden uns in der Mitte dieses Konstruktes. Wir sind weder zerstörbar noch sind wir verletzlich. Von dieser Mitte aus werden unterschiedlich lange Abschnitte gesteuert. Diese bezeichnen wir als Lebenszyklen und zwar von Körpereinheiten. Es sind unglaublich viele solcher Zyklen, sowohl vergangene als auch gegenwärtige und bereits zukünftige.

Der Sinn dieser Zyklenstruktur besteht vorrangig darin, uns, die höhere TAO-Seele, mit Informationen sowie mit der Wahrnehmung von Emotionen zu versorgen. Dabei gibt es weder Gut noch Böse noch Schlecht oder irgendwie Gerecht oder Ungerecht.

Die Wahrnehmungen sich einfach die Wahrnehmungen und dienen ausschließlich der Aufnahme von Wissensbestandteilen. Mit den verschiedenen Leben erhält dieses höhere Selbst, oder wie wir dies auch immer bezeichnen mögen, alles, was dann wieder dem Göttliche TAO „zuströmt".

Somit gibt es für das Geistige, ebenso wenig wie für das Göttliche, eine Zeitlinie. Vergangenheit, Gegenwart und Zukunft sind aus dieser Sicht nicht auf einer Spur angeordnet. Vor allem die Zukunft ist noch sehr diffus. Sie lässt viele, viele Möglichkeiten offen.

Was aber vermittelt uns den Eindruck von linearer Zeit? Die Antwort: Unser Verstand. Dieses energetische Konstrukt ist darauf ausgelegt, der Zeit einen Ablauf zuzuordnen. Der Verstand ist entsprechend programmiert, wie wir im Computerzeitalter sagen können. Dieses Programm spiegelt uns, als TAO-Seele nachgeordneter Art, die Vergänglichkeit der Zeit vor.

Sobald wir uns der Struktur jener Kugelform bewusst werden können, spielt Zeit nur noch eine untergeordnete Rolle im Dasein. Manchen von uns gelingt es sogar, die Zeit unter ihre Kontrolle zu bringen. Dies hat dann faszinierende Phänomene zu Folge, die ich hier nicht darlegen möchte. Lasst einfach Eurer eigenen Phantasie freien Lauf.

Damit das „Große Spiel" sowohl des geistigen Kosmos als auch des physikalischen Universum sowie des Lebens reizvoll wurde, wird und bleibt haben die Geistigen Wesen sich selbst mit allerlei viralen Blockern infiziert. Das „Vergessen" haben wir bereits kennengelernt.

Ähnlich wurde die **geistige Verbindung per telepathischem Bewusstsein** degradiert und bis zur Unmöglichkeit abgewertet, geradezu abgeurteilt. Wir haben alle miteinander beziehungsweise gegeneinander ein wenig dazu beigetragen.

Schließlich hat diese Maßnahme das „Große Spiel", jetzt speziell des Lebens, noch spannender gemacht.

Allerlei Geheimnisse und düstere, unklare, nebelverhangene Mythen wurden gesponnen, damit wir darin unfähig werden sollten.

Sogar einige unserer, als religiös zu bezeichnenden Kreationen verurteilten entsprechende Befähigungen vehement.

So haben wir uns, im Laufe der vorgeblich langen Zeit, unserer uralten Fähigkeiten gegenseitig selbst beraubt.

Speziell durch **Selbstabwertung** und indem wir die **Fremdabwertung** durch andere immer und immer wieder zugelassen haben, erhöhten wir den Reiz im „Großen Spiel", fast schon absichtlich und gezielt.

Diese Verrücktheit ist Sadismus und Masochismus in Einem. Wir fügen uns selbst eine Art sadistischer Qual zu, die in masochistische Betrachtung umschlägt, um dann auch noch darüber jammern zu können.

Durch beständige Abwertung und aufgrund mangelnder Bestätigung von außen, von anderen Menschwesen, werden wir im gegenwärtigen Weltgeschehen andauernd, mit voller, nunmehr böswillig zu nennender Absicht auf unsere Körper reduziert.

Der von gewissen Leuten gesteuerte Sinn hinter dieser Absicht ist wieder einmal die Erschaffung einer dauerhaft funktionierenden Sklavenrasse. Denn als Stimmvieh sowie als Konsum- und Arbeitssklaven lassen wir uns natürlich sehr viel leichter regieren und lenken als im bewussten Sein unserer geistigen Herkunft.

Man, wer auch immer das sein mag (denn letztlich sind wir es immer wieder selbst, wenn und soweit wir selbstbestimmt damit übereinstimmen), versucht uns immer und immer wieder intensiv einzureden, dass wir nichts anderes als ausschließlich Biomassen sind.

Unser geistig bewusstes Sein wird zu einer Art Bewusstsein welchem bestenfalls noch Gehirn, Rückenmark und das Nervensystem zugerechnet werden.

Die Beseelung durch TAO, uns Selbst, wird mit Bedacht den Hirn-, Nerven- und Drüsenfunktionen untergeordnet.

Die Wahrheit ist jedoch, und daran hat sich nichts geändert:

"Du bist nicht Dein Körper."
Besser gesagt:

"Du bist TAO, Du Selbst, die Seele!"

Mich hat es verwundert, dass die Vertreter der Religionen nicht endlich einmal hellhörig wurden und sich mit aller Macht der Abwertung des Geistigen, der offensichtlichen Maßnahmen zur Verweltlichung, durch die Körperverehrer entgegen stellen.

Doch genau das Gegenteil ist der Fall. Ich hege daher den Verdacht: Auch dort weiß man mittlerweile nicht mehr, wer oder was eine Seele wirklich ist. Will oder darf man es nicht mehr wissen?

Wenn es uns offenkundig vermittelt würde, könnten wir, TAO, die Seelen, uns doch tatsächlich auf uns Selbst besinnen!

Es besteht dann dadurch die ernsthafte Gefahr: Geistige Wesen könnten möglicherweise selbstbestimmt erstarken, ohne die andauernde Mitgliedschaft zu brauchen, bei den von Besitz-, Kontroll- und Machtstreben geprägten Gemeinschaften.

Damit meine ich nicht nur Religionsgemeinschaften oder spirituelle Verbindungen sondern gleichermaßen Parteien, Volksgruppen und Massenbewegungen und dergleichen.

TAO, die jeweilige Seele, im Spiel mit ihren Körpern, könnte unabhängig werden und schließlich frei sein.

Ich bin zu dieser Ansicht gelangt und genau deshalb ist eben Folgendes **meine Absicht**, ohne Wenn und Aber und aus dem klaren Wissen über unsere ursprüngliche Herkunft heraus:

Die Transformation vom Menschsein zum Geistigen TAO-Wesen und damit die vollständige Rehabilitierung unserer großartigen, geistigen Fähigkeiten.

Das bewusste Sein für TAO, das "Geistige Wesen", das "Ich bin", die „Person selbst" muss wieder rehabilitiert werden.

Es geht darum uns als TAO, die Seele selbst, die Person selbst, auch im höheren Sinne, wiederzufinden.

Denn wie mir aus dem Spirituellen, dem Geistigen, heraus mehr und mehr und immer öfter bewusst gemacht wurde:

Nur die Selbsterkenntnis, das Erkennen dessen, wer oder was wir selbst sind, lässt uns wieder stark und unabhängig und wirklich glücklich sein.

Unsere Aufgabe ist unter anderem das Finden von Antworten auf die Fragen: Welchen Sinn hat unser Dasein? Welchen Sinn geben wir unserem Dasein? Wie haben wir in dieser Erkenntnis miteinander umzugehen?

Aus dem Selbst heraus, dem seelischen Dasein, haben wir die Chance uns als das Göttliche TAO wahrzunehmen und entsprechend zu akzeptieren.

Darum lasst uns gemeinsam, in einer großen, den Geist des TAO vereinenden Anstrengung, danach streben, heil und darüber hinaus heilig zu werden, es schon jetzt zu Sein.

Es mag anmaßend oder verwegen klingen, doch genau dies ist der Weg. Er führt hinaus aus diesem „Jammertal" des pervertiert wirkenden „Großen Spiel".

Lasst uns daher, sowohl jeder für sich als auch schließlich alle gemeinsam, herunter steigen vom tödlich wirkenden „Rad des Lebens".

Letztendlich können nur alle zusammen den Spielverlauf verlassen. Deshalb ist es zwar löblich, wenn einzelne versuchen allein voran zu kommen. Sie können so eine Vorbildfunktion übernehmen und auf andere einwirken. Doch den entscheidenden letzten Schritt müssen wir insgesamt vollziehen.

Zuerst einmal geht es ausschließlich darum, bewusst zu erkennen, dass wir uns tatsächlich im „Großen Spiel" des Universum sowie des Lebens befinden, dies vorläufig akzeptieren zu wollen und das Bestmögliche daraus zu machen.

Nur so kann auch die Rückkehr von TAO, der Seele, sogar in unsere derzeitige Zivilisation funktionieren.

Auch die Befähigungen zur Telepathie und zur Geistheilung werden damit wieder zu vollständig anerkannten Fähigkeiten erstehen.

Die vielfältigen, geistig zu nennenden Befähigungen helfen sodann allen Menschwesen bei der Bewältigung ihres Lebens.

Ausschließlich indem wir uns im Zueinander, im Miteinander und im Füreinander liebevoll gegenseitig stützen und unterstützen werden wir es schaffen.

Wir haben einfach die Regeln des Spiels, die allgemein gültigen Spielregeln, zu lernen, sie anzuwenden und dadurch dem deutlich gewordenen Ziel zuzustreben. So werden wir mit <u>allen anderen</u> gemeinsam gewinnen.

Die entscheidende Erkenntnis aus dem Verlauf des „Großen Spiels" muss sein, dass wir nicht allein sind und im Miteinander siegen können.

Nur über die völlige Übereinstimmung zur vollständigen Rehabilitation unserer geistigen Fähigkeiten, zu deren Anwendung, sowie zum kontrollierten Tun, im Bewusstsein der Wissensinhalte des Erlebens und des Überlebens, gelangen wir zueinander, als Menschen sowie als Wesen, im unmittelbaren Hier und Jetzt.

Dabei geht es niemals darum, andere durch Kontrolle zu unterdrücken oder sie zu übervorteilen.

Denn erst die Fähigkeit zur Erlangung des eigenen bewussten Sein, zur Selbsterkenntnis und zur Selbstkontrolle ermöglicht auch verantwortungsbewusste Fremdkontrolle.

So liegt es auch mir fern **Angst oder Protest** hervorrufen zu wollen.

Schließlich wissen wir alle, die wir uns ein wenig mit den geistigen Gesetzen beschäftigt haben, was geschieht, wenn wir in Resonanz mit solch niederen Emotionen und Betrachtungsweisen treten.

Das Sprichwort, die uralte Volksweisheit, sagt:

**„Wie man in den Wald hinein ruft,
so hallt es zurück!"**

Im Physikalischen ebenso wie bei der Kommunikation mit anderen kennen wir zudem den Satz:

„Druck erzeugt Gegendruck."

Genau so können wir im Umkehrschluss die Funktion des Gesetzes der Anziehung für uns selbst und für andere nutzen.

Indem wir diesem Umkehrschluss folgen, wird das aus den Worten von Maria Szepes klar, aus ihrem Buch „Der rote Löwe":

**„Sich vor etwas fürchten, heißt zum Magneten werden, für den Gegenstand der Furcht.
Sobald aber die Furcht aufhört, hört auch die Anziehungskraft auf."**

Ein amerikanischer Philosoph meint hierzu:

„Wogegen Du am meisten protestierst, davon wirst Du Wirkung und auch wovor Du am meisten Angst hast, davon wirst Du Wirkung."

Sodann meine Empfehlung an uns alle:

„Erkennt die Wirkungsfaktoren und bleibt Ursache im Leben, nur so widersteht Ihr all den Kräften die Euch übel gesonnen sind."

Grundlagen des Studierens auf der Basis des menschlichen Verstandes

Dauerhaft erfolgreiche Menschen planten ihre großen Ziele ebenso wie die kleineren Zwischenziele, ihre Strategien, ihren Beruf, all ihre Tätigkeiten, immer auf der Grundlage von selbst ausgewerteten Daten.

Da auch Du über Deinen Verstand an das Studium herangehst, sind solche selbst erarbeiteten Grundlagen sehr, sehr wichtig.

Was ist dieser Verstand eigentlich? Er ist kein unmittelbarer Bestandteil Deines Körpers.

Er ist weder das Gehirn noch das Herz noch Dein Bauch oder dergleichen. Der Verstand ist ein energetisches Konstrukt, das Du Dir beziehungsweise Ihr Euch vor Urzeiten geschaffen habt, um beim Führen von Körpern unabhängig zu sein. Euer Verstand könnte selbstbestimmt und selbstständig einen Körper führen. Er übernimmt diese Aufgabe tatsächlich oft genug, mit sehr viel Ego-Bewusstsein. Dann verweigert er Euch, der Seele, auch einmal den Zugang, mit Begründungen wie: Euch entlasten zu wollen.

Dieses Konstrukt wurde ursprünglich geschaffen, um Daten zu sammeln, zu speichern und daraus Schlüsse zu ziehen. Analytisches Denken ist das Privileg des Verstandes.

Die Aufgabe des Gehirns besteht hauptsächlich darin, den Körper zu überwachen und für sein Überleben zu sorgen. Zugleich ist es allerdings auch eine Art Empfänger für die Signale des Verstandes, wenn es gilt, mehr als nur das zu berücksichtigen. Dein analytischer Verstand ist nämlich ein hervorragender Planer.

Du solltest deshalb lernen, wie Du das Denken Deines Verstandes zum Studieren einsetzen kannst.

Nur mit diesem, seinem eigentümlichen Denkvermögen kannst Du über eine an Dich herangetragene Information, über ein nützliches, wertvolles Datum oder eine entsprechende Grundlage, absolut oder zumindest weitgehend sicher sein.

Optimales Denkvermögen besteht ganz einfach darin:

Ein ganz bestimmtes Datum wird zuerst mit den allgemein bekannten Gegebenheiten im physikalischen Universum, wie sie offensichtlich beobachtbar oder auch messbar sind, analytisch verglichen und auf angemessene Logik überprüft.

Jene Menschwesen, Schüler oder Studenten, die sich überwiegend fremdbestimmt mit Datenmaterial vollstopfen lassen und sich ausschließlich darauf verlassen, können in ihrem Berufsfeld niemals wirklich erfolgreich sein.

Deshalb sind Maßnahmen auf übermäßig autoritärer Grundlage weder Bildung noch Ausbildung noch Studium.
Dies kann man lediglich vergleichen mit Arten von Suggestion oder Propaganda, dem kaum noch oder nicht mehr bewussten Eintrichtern von Datenschrott.

Autoritätsgläubige Leutchen sind allerdings von gewissen, unterdrückenden Machthabern gewünscht, denn diese lassen sich sehr viel leichter lenken, manipulieren und regieren.

In den meisten Systemen zur „Bildung" auf diesem Planeten wird das Lernen mittels irgendeiner Form von be- und abwertendem Druck und mit Bestrafung erzwungen.
Dabei werden Lernende oder Studierende mit Daten vollgestopft wie polnische Mastgänse. Ihr Verstand wird auf diese Art und Weise in seinem Speicher- und Denkvermögen einfach überfordert, regelrecht überwältigt.
So erhält er sehr selten bis nie die Gelegenheit die Vielfalt des Datenmaterials persönlich auszuwerten.

Goethe hatte dies ebenfalls erkannt und drückte es so aus:

„Man treibt die jungen Leute herdenweise in Stuben und Hörsälen zusammen und speist sie in Ermangelung wirklicher Gegenstände mit Zitaten und Worten ab. Die Anschauung, die oft dem Lehrer selbst fehlt, mögen sich die Schüler hinterdrein verschaffen. Es gehört eben nicht viel dazu, um einzusehen, dass dies ein völlig verfehlter Weg ist."

Der Maßstab für „gut informiert" und „ausgebildet sein" deckt sich bei solcherart Bildung unmittelbar mit dem Grad der Anpassung an die Vorgaben und Wünsche von Lehrkräften sowie darüber hinaus der Anpassung an die hierarchisch strukturierten Säulen der Gesellschaft:

1) Finanzwirtschaft
2) Handel
3) Industrie
4) Medien
5) Justiz und
6) Religion.

Noch hinterhältiger ist:
Dieser Maßstab stützt das bestehende, aufgezwungene System zum Kleinhalten der „kleinen Leute" und zur leichteren Steuerung aller, selbst der Eliten durch die ... (?).

Die immer und immer wieder, geradezu hypnotisch, massiv im Brustton der angeblich unumstößlichen Überzeugung vorgetragenen, bewertenden Aussagen von autoritären Spezialisten und Experten, werden im System der (Ver)Bildung häufig dogmatisch verfestigt und überbewertet.

Kritikfähigkeit beim Denken und Handeln ist vielfach weder gewünscht noch wird sie viel zu oft tatsächlich gefördert.
Wahrhaft kritisches Denken hat absolut nichts damit zu tun, ob sich die Meinung von jemandem zwangsläufig mit der Denkweise von irgend jemand anderem deckt.

Entscheidend ist einzig und allein, ob eine fremde, von außen herangetragene Meinung sich mit der eigenen Wahrnehmung deckt.
Wichtig bleibt immer, die Einbeziehung weitgehend objektiven Wissens sowie der persönlichen Erkenntnisse.

Eigenverantwortliches Denkvermögen sollte das Maß sein, für selbst erarbeitete Anschauungen von Abläufen die im selbstbestimmten Leben Gültigkeit besitzen.

Neue, aufklärerische, quer- und freidenkerische Denkweisen haben sich immer in dem für diese Neuerungen offenen Kleinklima einiger Weniger (nie der Masse) entwickelt.
Dabei mussten viele dieser aufmüpfigen Nach-, Frei- sowie Kreuz- und Querdenker sich gegen die allgemein herrschenden Lehrmeinungen durchsetzen. Manche haben dafür sogar mit ihrem Leben bezahlt.

Menschen die erfolgreich sein wollen, sollten sich grundsätzlich die Zeit nehmen und die Mühe machen, laufend die praktikable Anwendbarkeit sowie den Nutzen ihres Tuns möglichst vollständig selbst zu überprüfen.
Dazu bedarf es ständiger Selbstprüfung sowie die eigenständige Beobachtung ihres Fachgebietes oder Arbeitsfeldes.

Der hochwertige Sinn des Ganzen muss sowohl für jedermann selbst, als auch der Allgemeinheit dienlich sein, also für alle Mitmenschen im Gesamtfeld der Menschheit.

Dieser Grundsatz gilt im Vorfeld bereits für die Schüler und Studenten, die sich auf eine wertschaffende Arbeit vorbereiten.

Wer auf diese Art und Weise genau hinschaut, verschiedenes hinterfragt und das Datenmaterial kritisch studiert, wird auf alle Fälle etwas für sich selbst entdecken.

Studieren hat immer auch mit der Zielsetzung vor Augen zu erfolgen, eigenständig erarbeitete Schlussfolgerungen zu erlangen.

Die vermittelten Wissensinhalte und aufgenommenen Lehrsätze müssen dazu weitgehend korrekt und in jedem Falle realitätsbezogen funktionsfähig sein.

**Anwendbarkeit und Funktionsfähigkeit
sind Maßstab für die sinnvolle Aufnahme von Wissen.**

Wer sich überwiegend oder ausschließlich auf autoritär vermitteltes Wissen verlässt, gerät in die einengende Falle der Fremdbestimmung.

Deshalb sollte zu keiner Zeit und an keinem Ort einer übermächtigen Autorität, irgendeiner Person oder Denkrichtung, ungeprüft erlaubt werden, in die eigene Sphäre für das selbst erarbeitete Wissen vorzudringen.

Hierdurch baut sich sonst eine unkontrollierte sowie unkontrollierbare Matrix der hierarchisch strukturierten, autoritären Eliten auf. Da diese Matrix auf Unterdrückung ausgerichtet ist, von irgendwo oben nach irgendwie unten, dient sie lediglich denen die sich oben wähnen.

Im Übrigen haben sich Meinungen und Ansichten im Verlaufe der Zeiten, sogar oder gerade durch die Betrachtungen von Experten, x-fach geändert. Immer, wenn sich die Weltsicht und Weltanschauungen verändert haben, wandelten sich auch die Lehrmeinungen.

So vergesst bitte niemals und führt es Euch fast täglich vor Augen:

**Meinungen sind ausschließlich Meinungen
- nichts anderes als das.
Meinungen sind wie das Wetter:
Jederzeit veränderlich und wandelbar.**

Viele der heute existierenden Dogmen, in so manchen übermässig wichtig gemachten Lehrbereichen, wurden immer wieder einmal umgeschrieben.

Dies geschah entweder bei näherer Betrachtung oder zur Anpassung an den Zeitgeist. Findet solche Dogmen und legt Eure eigenen Messlatten an, beispielsweise in den Bereichen: Archäologie, Medizin, Psychologie und vielen Wissenschaften mehr.

Sortiert aus, ohne Bedenken und mit weit ausgreifendem Mut! Denn auch die angeblich für die Ewigkeit festgeschriebenen Dogmen sind immer wieder von der Meinungsbildung abhängig.

Übrigens:

Die Äußerung von Meinungen, wenn sie nicht ausdrücklich als solche deklariert sind oder dafür angesehen werden dürfen, führen oftmals zu schwerwiegenden Missverständnissen.

Solche unklar wiedergebenen Meinungsäußerungen behindern bis vergiften das Verständnis füreinander sowie das Verstehen der Menschen untereinander.

Unter all diesen Gesichtspunkten prüft bitte auch die von mir dargebotenen Aussagen.

Akzeptiere bitte nur, was von Deinem Verstand selbst vergleichend beobachtet und analysiert werden kann. Setze das Gelernte gezielt um und finde dessen praktische Anwendbarkeit heraus.

Die Dir persönlich bekannte Welt, deren Funktion und Erlebbarkeit, alles um Dich herum, ist letztlich ausschlaggebend für das Bilden einer eigenen, immer wieder auch selbstkritischen Meinung.

Im Rahmen dieser Erkenntnisfähigkeit wünsche ich Euch allen recht viel Freude beim Studieren, egal mit welchem Wissensinhalt.

Noch eines zum Abschluss dieser Gedanken zum Studieren:

**Übergehe um Himmels Willen kein Wort,
das Du nicht vollständig verstanden hast.**

Kläre mit Hilfe eines Bedeutungswörterbuches (kein Rechtschreibwörterbuch!) die Definition sowie die Herkunft eines jeden Wortes, von dem Du meinst, es könnte auch noch mit anderen Bedeutungen belegt sein, als der Dir bekannten.

Du wirst überrascht sein, wie oft Du meinst etwas ganz genau zu kennen und dann dennoch herausfinden musst oder darfst, dass es noch ganz andere Betrachtungsweisen dazu gibt.

Solcher Art missverstandene und leichtsinnig übergangene Bedeutungen von Worten sind, wie mittlerweile erkannt wurde, der Hauptgrund für heftigen Widerwillen bei Gesprächsverläufen. Diese Missverständnisse sind Ursache für den Abbruch des Lesens von Büchern sowie für den Abbruch eines jeden Studiums.

Deshalb nochmals:
Wenn beim Studieren meiner Ausführungen irgendwie der berühmte „Faden reißt", so gehe einfach ein Stück zurück. Finde das missverstandene Wort und kläre dessen Definition – nicht per selbst gestrickter Intuition sondern mit einem Bedeutungswörterbuch.

Vielen Dank, für Deine Bemühungen. Damit tust Du nicht nur Dir selbst sondern auch mir einen großen Gefallen.

Denn, ob ein Text gut oder schlecht ist, ob die Kritik daran wirklich berechtigt ist, ergibt sich selbstverständlich aus dem guten Verstehen des Geschriebenen.

... auf der Basis der menschlichen TAO-Seele

Wie Du bereits erfahren hast, ist der menschliche Verstand ein energetisches Konstrukt zur Entlastung der hier ebenfalls menschlich erscheinenden TAO-Seele.

Dieses energetische Konstrukt kann, so haben wir es in etlichen Spirituellen Rückführungen erlebt, Zugang erhalten zu der so genannten, übergeordneten Akasha-Chronik. In dieser Chronik sind Unmengen an Daten gespeichert und werden zur Anwendung gebracht. Dies geht über den Datenspeicher des Verstandes weit hinaus. Dennoch wirkt unser Verstand wie ein Abbild der großen, universalen Akasha.

Jedenfalls kann jede TAO-Seele ebenso auf das umfassende Datenmaterial der Akasha zugreifen, mit oder ohne Zutun eines Verstandes. Wir, die wir jeder eine menschliche TAO-Seele sind, zumindest darin übereingestimmt haben ein darauf reduzierter Seelenaspekt zu sein, könnten jegliche Information aus der Akasha nutzen, um ein umfassendes Studium zu betreiben.

Aufgrund eines zumeist leider nur wenig ausgeprägten Bewusstseinsgrades haben allerdings die wenigsten von uns Menschen oder Menschenähnlichen unbegrenzte Zugriffsmöglichkeiten.

Lediglich mit der Hilfe Spiritueller Helfer gelingen unglaublich erscheinende Erfolge. Diese Helfer können sowohl menschlicher als auch geistiger Natur sein. In jedem Falle ist die TAO-Seele selbst bewusst genug, um nicht in die Irre geleitet zu werden.

Als bewusste TAO-Seele können wir sowieso niemals so verwirrt werden, dass wir völlig außer Kontrolle geraten. Die Einflussnahmen von Diktatoren, Indoktrinatoren und Infiltratoren verlieren ihre dogtrinär überwältigende Macht.

Insbesondere Spirituelle Rückführungen sind in diesem Zusammenhang Tür- und Toröffner, um sich Wissensbestandteile einfach zuströmen zu lassen. Denn als TAO-Seele müssen wir weder etwas lernen noch den Datensalat abspeichern.

Wir wissen nämlich ohne Wenn und Aber: **Nur das Einfache ist wahr. Jegliche Kompliziertheit birgt eine Lüge.**

Wie Gautama Siddharta, der Buddha, schon erklärte:

**„Für Dich ist nur wahr,
was Du selbst als wahr erkannt hast."**

Und zum guten Schluss noch ein paar Worte des Arztes, Dichters, Philosophen und Historikers Friedrich Schiller:

**„Anders ist der Studierplan, den sich
der Brotgelehrte, anders derjenige, den
der philosophische Kopf sich vorzeichnet."**

Spirituelle Maßnahmen

Was ist Spiritualität? Die Definition kommt von lateinisch *spiritus* ‚Geist, Hauch' bzw. *spiro* ‚ich atme'. Dies bedeutet „Geistigkeit" im weitesten Sinne.

Spiritualität im spezifisch religiösen Sinne steht für die Vorstellung einer geistigen Verbindung zum Transzendenten, dem Jenseits oder der Unendlichkeit.

Während Religiosität die Ehrfurcht vor der Ordnung und die Vielfalt in der Welt sowie die Empfindung einer transzendenten Wirklichkeit meint, beinhaltet die Spiritualität zusätzlich die bewusste Hinwendung und aktive Praktizierung einer als richtig angesehenen Weltanschauung.

Somit ist die Spiritualität die Betrachtung der wahrhaften Weltsicht, einer Wahrheit in Wahrnehmung und Erkenntnis.

Aus dieser Anschauung gelingt die Erkenntnis zur Körper-Geist-Seele-Einheit.

Körper, Geist und Seele sind unabdingbar für das Mensch-Sein. Sie gehören zusammen und durchdringen sich sogar in ihren Bedürfnissen, Emotionen und Denkvorgängen.

Der Körper ist die Heimat oder der Tempel für Geist und Seele. Der Körper ist aber auch das Vehikel und das Werkzeug mit dem das Geistige im physikalischen Universum vorankommt und tätig werden kann.

Dem Geist werden Teile des Körpers zugewiesen. Etwa dem Gehirn und seinem Nervensystem oder dem Herzen und genauso dem Magen-Darm-Bereich, dem Bauch, werden Eigenschaften geistiger Denkvorgänge zugeschrieben.

Dies ist alles richtig und genauso falsch. Denn es fehlt die genaue Definition für Geist.

Das englische Wort „mind" steht sowohl für: Geist als auch für Verstand.

Genauso ergeht es dem „Geist" im Deutschen. Vielerlei Synonyme werden ihm beigemessen; unter anderem ebenfalls der Verstand, sowie Bewusstsein oder Intellekt.

Dem Geist schreibt man Denkfähigkeit, Denkvermögen, Auffassungsgabe, Klugheit, Scharfsinn und Verstandeskraft zu.

Die Seele ist TAO, die Person selbst, und keineswegs ein beigefügter Bestandteil. So muss es heißen: „Ich bin die Seele!" Und niemals: „Ich habe eine Seele!" Als „Ich bin!" kann die Person selbst jeglichen Sitz einnehmen – sogar außerhalb der Körpereinheit.

Ich sehe den spirituellen Charakter der Körper-Geist-Seele-Einheit in Gefahr, wenn wir hier nicht eindeutiger werden.

Ich versuche ganz klar, entsprechend der modernen Computersprache, die Hardware von der Software zu unterscheiden.

Der **Körper** ist, nach meiner Anschauung, die **Hardware**. Und zwar mit all seinen Bestandteilen, inklusive dem Gehirn.

Das Gehirn dient vorrangig dem Überleben der Hardware. Sein ursprüngliches Denken beschränkt sich auf mehr oder weniger automatisch wiederkehrende Abläufe.

Über das Gehirn wirkt der **Verstand**, die **Software**, auf den Körper ein. In diesem Zusammenspiel ist das Gehirn eine Art Empfänger für den Verstand, dem Geist im eigentlichen Sinne.

Der Verstand analysiert, plant strategisch und speichert Daten ab. Er arbeitet wie ein hochwertiger Computer. Ihm fehlen die fühlbaren Emotionen. So versucht er tatsächlich die Welt rein rational zu begreifen.

Während Spiritueller Rückführungen liefert der Verstand Daten. Über gespeichertes Bildmaterial, in dem auch heftige Gefühle mitschwingen.

So erarbeiten wir, meine Freunde die Rat- und Hilfesuchenden, gemeinsam Lösungsansätze. Die energetisch geladenen Emotionen verlieren dabei zunehmend ihre dramatische Macht. Selbst furchtbar Erlebtes wird erträglicher, harmonisierter, weniger belastend.

Der **ursächliche Programmierer** ist, wie könnte es anders sein, **die Seele**. Das bist Du selbst im ureigenen Sein.

Du kannst entscheidend dazu beitragen die Programme in einem Verstand abzuändern und neu zu schreiben. Als Helfer bist Du in der Lage das Verstandesdenken in neue Richtungen zu lenken.

Die Denkweise von Seelen ist intuitiv und mehrdimensional. Von ihnen kommen die so genannten Einfälle oder Ideen, die ganz plötzlich auf den Menschen einwirken können.

Ästhetik und Kreativität sind mit uns selbst, als Seele, vereinbar.

Im Falle des körperlichen Todes verfällt die Hardware vollständig. Sie wird entweder vergraben oder verbrannt oder irgendwelchen Tieren überlassen.

Die Software, also der Verstand, wechselt relativ schnell in einen neuen Körper hinüber. Er hat alle Datensätze der vorangegangenen Körper gespeichert. Er nimmt sie mit und wir, Seele plus Verstand, formen gemeinsam eine neue Körper-Geist-Seele-Einheit.

Wir selbst, als die Seele im Mittelpunkt unserer Struktur, verharren dauerhaft in einem Zustand ohne Zeit und Raum.

Unser Sein ist weder an den Verlauf der Zeit noch an die Umgebung des physikalischen Universum gebunden.

Wir sind weitgehend frei von solchen Bindungen, falls wir nicht dennoch damit übereinstimmen.

Der Begriff „Spirituelle Rückführung" ist einfach eine angepasste Benennung, an die neue Zeit, das Hier und Jetzt.

Ich finde es auch nicht so wahnsinnig wichtig, wie diese überaus hilfreiche Maßnahme in früheren Zeiten genannt wurde.

Entscheidend ist für mich: Es handelt sich hierbei um die Anwendung religiöser beziehungsweise spiritueller Maßnahmen.

Mit solchen Maßnahmen können alle Menschen guten Willens sowohl sich selbst, als auch gegenseitig helfen. Dadurch entsteht eine Entwicklung, eine Transformation, über das bloße MenschSein hinaus. Denn die Erkenntnis TAO, ein Geistiges Wesen, zu sein, dabei in ständiger Verbindung mit TAO, dem Göttlichen, zu stehen, hat für mich den Vorrang vor kleinlichen Betrachtungsweisen.

Die Erkenntnisse für all meine Aufschreibungen, den Wissensschatz dafür, habe ich nicht ausschließlich alleine erarbeitet.

Mir wurde vielerlei Neues zuteil, indem ich Kontakt mit anderen Wesen hatte. Diese Wesenheiten haben mir freundschaftlich gestattet, mit ihnen gemeinsam in ihren Verstand hinein zu schauen.

Bei einer Vielzahl, für alle Seiten hilfreich wirkender Spirituellen Rückführungen öffnete sich mir ein andere Weltsicht.

Zudem strömte mir ergänzendes Wissen aus unterschiedlicher Literatur und aus Film- und Tonmaterial zu.

Die vollkommen neue Kombination, mit etlichen anderen, bereits existierenden Denkmodellen spiritueller, philosophischer sowie religiöser Arten und Weisen, ließ mich faszinierende Zusammenhänge wahrnehmen.

Ich verzichte deshalb bewusst darauf, in jedem Detail Hinweise, Fußnoten oder Quervermerke zu weiteren Wissenszusammenhängen zu benennen.

Mir ist bei der Erarbeitung dieser Daten nämlich klar geworden, dass ich nicht allein bin, wenn es darum geht, den Menschen, als den hier ansprechbaren Wesenheiten, die Konstruktionsgrundlagen für das Leben zu vermitteln.

Wir sind schließlich alle sowohl die Kinder, als auch die Kindeskinder eines ständigen Wandels.

Wir alle sind, über Zeit und Raum hinaus, so enorm eng miteinander verbunden, dass es geradezu ein Vergehen darstellt, Marken- oder Patentrechte für einzelne Menschen oder Firmen sichern zu wollen.

Es gibt einfach kein völlig individuelles Dasein. Jedermann ist im Miteinander auch für den anderen mitverantwortlich - für jeden anderen.

Deshalb hoffe und erwarte ich, dass sich auch ohne mich, in meiner physischen Anwesenheit, das Material zur Anwendung Spiritueller Rückführungen schnell und weit verbreiten möge.

Was mich betrüben würde, wäre lediglich, wenn der Fluss zur Entwicklung des Materials nicht mehr in Bewegung bliebe.

Auch sollen sich keine negativ wirkenden Verunreinigungen einschleichen.
Zudem sollen niemals irgendwelche Dogmen aufgestellt werden, die gewonnene Erkenntnisse allzu festschreiben und Automatismen erschaffen.
Ebenso schaden spitzfindige Interpretationen dem gemeinsam erarbeiteten Wissenspool.

Ich bin gerne bereit mitzuhelfen, mich in diesem sowie in allen folgenden Leben einzubringen, für die Verbreitung und Anwendung Spiritueller Rückführungen.

**Der anschließende Haftungsausschluss
gilt für all meine Aufzeichnungen.**

Etwas Ähnliches muss ein Spiritueller Helfer oder Ganzheitlicher Seelsorger oder Spiritueller Rückführer jedem seiner Freunde, den Rat- und Hilfesuchenden, an die Hand geben.
Dieser Haftungsausschluss dient der Absicherung im rechtlichen Gefüge eines Staates.

Entsprechendes zusätzliches Arbeitsmaterial folgt auf Deine persönliche Anforderung.

Im Zusammenhang mit dem Gesamt-Programm zur Durchführung von Spirituellen Rückführungen habe ich für alle Interessenten hilfreiche Arbeitsmittel erstellt.

Haftungsausschluss:

Du allein bist für Dich selbst verantwortlich!

Indem Du die in meinen Ausführungen beschriebenen Techniken anwendest, bestätigst Du, dass Du auch diesen Haftungsausschluss gelesen, verstanden und akzeptiert hast und dass Du dazu Dein Einverständnis erklärst.

Die Beschreibungen von Spirituellen Maßnahmen sind alleine zu informativen oder pädagogischen Zwecken gedacht.
Ihr Ziel ist nicht Krankheiten oder Geisteszustände zu diagnostizieren, zu behandeln oder zu kurieren. Die vermittelten Informationen wurden auch nicht behördlicherseits überprüft. Ebenso wenig erhebe ich den Anspruch darauf, heilen zu können.
Bei gesundheitlichen Bedenken, bei physischen oder bei psychischen, wende Dich bitte an einen Arzt oder Heilpraktiker oder Therapeuten Deines Vertrauens.

Bei allen Übungen oder Techniken, die angesprochen werden oder beschrieben sind, liegt die alleinige Verantwortung bei Dir, sowohl für die Anwendung als auch für die Umsetzung. Nur Du kannst eigenverantwortlich einschätzen, inwieweit sie für Dich selbst dienlich und nützlich sind. Wenn Dir bei irgendeiner Übung etwas nicht stimmig oder nicht positiv genug erscheint, Du Bedenken haben solltest, so setze die Übung aus, komme erst einmal zur Ruhe.
Lege Dich gegebenenfalls hin oder geh an die frische Luft, atme tief durch, schau Dich gut um und entscheide dann selbst ob Du weitermachen möchtest.

Bei möglicherweise geführten Maßnahmen sprich bitte erst einmal mit Deiner Führungsperson. Mit offener Kommunikation kann schon sehr viel gelöst werden.

Aktionszyklen

Ein Zyklus ist ein Kreis oder ein Kreislauf mit regelmäßiger Wiederkehr; von griechisch kyklos = "Kreis". Dieser Kreis, der in allen Aktionen wiederzufinden ist, besteht aus:

Starten - Verändern - Stoppen

Genauer sind es allerdings vier Stadien, ähnlich wie bei den vier Jahreszeiten:

Frühjahr – Sommer – Herbst – Winter

dem entsprechend

Starten - Aufbauen - Abbauen - Stoppen

oder aber:

Starten - Erschaffen - Zerstören - Beenden

oder aber:

Geburt - Wachstum - Verfall - Tod

So wie sich alle Geschehnisse im Leben in den Zyklen (Kreisläufen) mit einem Anfang, dem Ablauf und einem Ende bewegen oder bewegen sollten, so auch in den Bereichen des Geistigen.

Ohne diese klare Abgrenzung des Vorganges bleibt Energie gebunden. In der Art und Weise von Aufmerksamkeit häuft sich Unerledigtes an.

Eine Behandlung beispielsweise (egal welcher Art und Weise) die weder sauber gestartet wurde, noch, was richtig schlimm sein kann, eindeutig beendet wird, lässt die zu behandelnde Person mit ihrer Aufmerksamkeit im Behandlungszyklus hängen.

Sie kann somit nur unvollkommen in einen sich anschließenden Heilungsprozess eintreten. Es kehrt keine Ruhe ein!

Die Aufmerksamkeit oder Energie, körperliche sowie geistige, die von der nicht ordnungsgemäß abgeschlossenen Behandlung ausgeht, hängt sich fest. In den Speichereinheiten von Körper und/oder der energetischen Aura sowie in den Gedankenbildern des Verstandes bleibt der Behandlungszyklus aktiv. So kommt der Mensch gedanklich und in seiner Entwicklung nicht weiter voran.

Als Beispiel für einen Zyklus, der selten zeitnah ordentlich vollendet wird, ist der Vorgang der Essensaufnahme mit dem Abräumen von Geschirr:

Den Start setzt der Hunger oder eine normierte Essenszeit.

Mit der Zubereitung des Essens über das Tischdecken bis hin zum Essen, in Form der Nahrungsaufnahme, am Tisch oder dergleichen, funktioniert der Zyklus eines Aufbauens noch recht ordentlich.

Beim Abräumen, oder wenn es ans Abwaschen geht bis hin zum Verräumen von Geschirr und Besteck, scheiden sich die Geister.
Erst, wenn sich dennoch ein guter Geist findet, wird wieder Ordnung einkehren. Dieser macht es sich also zur Aufgabe den Zyklus zu vollenden.

Nach der Vollendung eines Zyklus sollte immer der ursprüngliche Zustand, nun im gegenwärtigen Hier und Jetzt, wieder hergestellt worden sein.

Unbelastet von dem alten Zyklus kann sodann ein neuer Zyklus gestartet werden.

***** ***** *****

Im Folgenden findet Ihr den Ablauf eines Aktionszyklus für jede Art und Weise von spirituellen Maßnahmen, hier speziell für Spirituelle Rückführungen.

Start:

Als Spiritueller Helfer setzt Du die Maßnahme in Gang, beispielsweise mit einer Äußerung wie: „Wir fangen jetzt an!" oder „Ich starte jetzt die Maßnahme!" oder „….!"

Halte das bequeme Gegenüber, die bequeme Konfrontation, mit dem Klienten von nun an aufrecht. Lasse Dich von äußeren Einflüssen nicht ablenken.

Veränderung:

Nehme jetzt genau wahr was Du bei Deinem Freund, dem Rat- und Hilfesuchenden, siehst oder hörst. Lasse Dir Zeit und beobachte möglichst objektiv. Bewerte nichts, keinerlei Be- oder Abwertung - nimm einfach nur wahr.

Vielleicht nimmt eine gezeigte oder verbal geäußerte Information Gestalt an. Damit sollst Du Dich intensiver befassen.

Du wirst bald feststellen, dass es nicht bei einem Bild oder mehreren Bildern bleibt. Nicht selten gesellen sich auch Gefühle und Emotionen dazu.

Lasse auch Gefühle in Dir selbst aufsteigen, wenn sie über Deinen Freund, dem Rat- und Hilfesuchenden, als Worte oder als ganze Geschichten erfahrbar werden.

Es ist durchaus in Ordnung, wenn Du selbst kurzzeitig in die Bildgestaltung der Person mit eintauchst.

Übe beständig das Gewinnen unvoreingenommenen Vertrauens in eine andere Wirklichkeit oder das Zutrauen für eine höhere Qualität der Wahrnehmung.

Bleibe in jedem Falle weitgehend bewusst. Dein Zustand der Bewusstheit wirkt prägend. Nur durch ein sehr hohes Niveau an Aufmerksamkeit kannst Du wirklich führen. Dein Zustand muss dem jeweiligen Geschehen gerecht werden. Während einem eindeutig bestimmbaren Zeitablauf bist Du in hohem Grade gefordert.

Selbst wenn es Dich ängstigst oder gerade dann, wenn der Kontakt zu unbequem wird, es so richtig unangenehm wird, darfst Du die Maßnahme dennoch nicht abbrechen.

Führe den Kontakt konzentriert fort, bis zu einem eindeutig guten Punkt.

Der gute Punkt tritt ein, sobald Dein Freund, Rat- und Hilfesuchender, durch erst weniger leicht und dann immer leichter erlebbare Schwierigkeiten hindurch gegangen ist.
Diese auftretenden Problematiken sollte er gemeinsam mit Dir überwinden können.

Am guten Punkt angekommen, fühlt sich der Freund, Rat- und Hilfesuchende, irgendwie gestärkt und erleichtert.

Die problemlose Rückkehr ins Hier und Jetzt musst Du sodann in jedem Falle anstreben.

Stop:

Beende die Maßnahme mit einer eindeutigen Ansage: „Ende der Maßnahme!" oder „Ende der Sitzung!" oder „Danke, das war's!"

Als brauchbar hat sich Folgendes heraus gestellt: „Fünf, vier, drei, zwei, eins.", ein Fingerschnippen sowie „Ende der Sitzung!"
Dann die Fragestellung: „Welcher Tag ist heute?" Wobei das Datum weniger wichtig, als vielmehr der Wochentag und das Jahr sind.

Wichtig ist letztlich, wieder von den Eindrücken los zu kommen und Deinem Freund, Rat- und Hilfesuchenden, erneut Bewusstheit in der Gegenwart zu geben. Mit einigen tiefen Atemzügen ist er nach kurzer Zeit wieder ganz im Hier und Jetzt, in der Realität des Tagesbewusstseins.
Nehmt Euch noch ein wenig Zeit, um zu verstehen was vorgefallen ist. Eine kurze Besprechung kann noch angebracht sein. Verlasst dann in aller Ruhe den Ort der Maßnahme.

Achtung:
Jedes Wegschauen oder jede Unaufmerksamkeit von Seiten des Spirituellen Helfers unterbricht den Prozess, be- oder verhindert damit den Erfolg.

Angst, Schmerz, Scheu und Mitleid sind sehr schlechte Ratgeber für Dich, als Helfer.

Beim Erleben der zum Prozess gehörenden Dramatisationen und ureigenen Zustände müssen die darin enthaltenen Emotionen sachte durchschritten werden.

Dies dient ganz besonders der persönlichen Erkenntnis Deines Freundes, des Rat- und Hilfesuchenden.

Eine gute Hilfe ist:
Alles Wahrgenommene und Deine eigenen Gedanken dazu, entweder während oder kurz nach der Durchführung einer Maßnahme aufzuschreiben.

Wenn sich eine Erwartung nicht unmittelbar erfüllt oder sich eine Besserung oder eine Erkenntnis nicht direkt eingestellt hat, so lasst es gemeinsam so stehen. Lasst erst einmal Ruhe in den Gedanken einkehren!

Versucht dann einfach das Wahrgenommene später noch einmal aufzugreifen. In gemeinsamer Übereinstimmung könnt ihr immer wieder einmal versuchen daran anzuknüpfen.

Vielleicht war vorerst etwas anderes wichtiger oder der Verstand war eben noch nicht bereit, sich den grundlegenderen Problemen zu stellen.

Lasst Euch niemals entmutigen!

Keine Macht den Drogen

und denen,
die an Drogen verdienen.

Die Wahrheit: Drogen sind Gifte, die Vitalkräfte des Körpers aufzehren und das Denkvermögen vom Gehirn und darüber hinaus dem Verstand hinterhältig beeinträchtigen.

Sie bringen die natürlichen Zusammenhänge im Körpersystem durcheinander, die biochemischen ebenso wie die elektrischen. **Die Drogen sind Gifte, die Leben zerstören!!!**

Die Definition: Eine Droge ist jegliche innerlich genommene Substanz (auch per Rauch oder Einreibung), die benutzt wird, einen vorgeblich „verbesserten" Zustand zu erreichen beziehungsweise einen unerwünschten Zustand zu vermeiden.

In vielen primitiven Kulturen der Vergangenheit sowie der Gegenwart wurden und werden Drogen als Aufputschmittel oder zur Ruhigstellung verwendet.

Schamanen, Medizinmänner, Magier und Priester schworen auf Essenzen von Mutter Erde persönlich (wie Kräuter, Pilze oder …).

Auch die Stoffe aus dem geheimnisvollen „Garten der Alchemie" sollten tolle Wirkungen erzielen, heilende sowie spirituelle.

Die Drogen sollten den Menschen so etwas wie magische Kräfte verleihen. Man wollte mit ihnen entweder göttliche oder teuflische Fähigkeiten entfalten oder zumindest „böse Geister" vertreiben.

Noch heute ist die Drogengläubigkeit in der Medizin sehr weit verbreitet, wie schon zu Urzeiten. Gegen alle möglichen Krankheits-Bilder oder Krankheits-Erscheinungen, gegen alle Symptome gibt es angeblich eine Pille oder irgendein Kraut. Verschiedenste Weh-Wehchen werden einfach unterdrückt.

Längst sind es einige unserer Ärzte leid, immer nur etwas materiell Wirkendes verschreiben zu sollen, damit entweder die Pharmazie oder der jeweilige Patient oder beide zufriedengestellt werden.

Frage Deinen Arzt und Du wirst erfahren, wenn er eine ehrliche Antwort für Dich hat, dass er gar nicht damit einverstanden ist, häufig nur als verlängerter Arm der Pharmazie zu fungieren.

Doch was bleibt ihm zumeist anderes übrig, wenn Patienten bereits mit ihrer Drogenerwartung zu ihm kommen und enttäuscht sind, wenn sie keine Pille, Salbe oder ähnliche "Wundermittel" mit nach Hause nehmen dürfen.

Eines muss hier aber dennoch in aller Deutlichkeit gesagt sein:

Der verantwortungsvolle, vorübergehende, korrekte und sehr gezielte Umgang mit schnell wirkenden, medizinischen Drogen ist hilfreichen nicht schädlich.

Insbesondere hier gilt jedoch die Aussage von Paracelsus:

„**Die Menge macht's, ob ein Ding Gift ist.**"

Letztlich darf eine Maßnahme zur Heilung von Körper oder Geist aber niemals bei den nur körperlichen Betrachtungsweisen und Behandlungsmethoden steckenbleiben.

Vorrangig muss immer 1. das Geistige sowie schließlich 2. das Energetische in jeden Heilungsprozess einbezogen werden.

Denn es gilt seit Alters her auch dieser Satz:

„**Das Geistige Wesen ist
der Meister über die Materie!**"

Bedenklich ist der leider weit verbreitete Missbrauch von Drogen, resultierend aus der extrem hohen Akzeptanz von verschiedenen Drogen in der Gesellschaft, als: "Helfer in jeder Lebenslage".

Die beiden Gesellschaftsdrogen Nikotin und Alkohol gelten immer noch als die Einstiegsdrogen Nummer 1 und Nummer 2 für weitere, nicht minder gefährliche Suchtmittel.

Die Pille für jeden Fall der Fälle („Omas Pille"), wie sie über Marketingaussagen verkauft wird, ist der Wegbereiter, hin zu den modernen Designer-Drogen.

Durch den Faktor „Akzeptanz" wird der Nährboden bereitet, der Menschen die Rechtfertigungen bietet, Drogen wie: Alkohol, Nikotin, Koffein, auch Haschisch und Marihuana und etliches mehr als gesellschaftlich anerkannt, somit völlig normal anzusehen.

Wir sind nicht mehr weit davon entfernt, dass selbst Heroin wieder als etwas völlig Legales betrachtet wird.

Um 1900 war Heroin als Heilmittel allgemein anerkannt und wurde selbst den Kindern im Hustensaft verabreicht. So wie heute das nicht minder gefährliche Codein, das mit Heroin verwandt ist.

Nochmals: Jegliche Droge ist ein Giftstoff, in einer mehr oder weniger hohen Dosierung, die über die Körpersysteme auf das Denkvermögen einwirkt und Verwirrung stiftet, sowohl im Körperlichen als auch im Dasein des Verstandes.

TAO, die Person selbst, die Seele, kann allerdings von dem Drogeneinfluss nicht unmittelbar geschädigt werden.

Doch über die Wirrnis in Körper und Verstand schleichen sich falsche, überhöhte Emotionen und schräge Vorstellungen ein.

Dadurch wird die ungetrübte Einflussnahme von TAO auf diese zwei, ansonsten hochwertigen Werkzeuge empfindlich gestört.

Sobald kein hochwertiger Nutzen für TAO mehr erkennbar ist, weil die Droge extrem Überhand genommen hat, zieht sich die Seele aus dem Geschehnis des Lebens ein Stück weit zurück. TAO-Seele beobachtet bestenfalls den Lauf der Dinge.

Dann haben wir weitgehend „unbeseelte" Körpersysteme vor uns, die man mit Fug und Recht tatsächlich als Drogenzombies bezeichnen kann.

Es mag jetzt ziemlich hart klingen, aber: Leute sind eine echte Gefahr für die Gesellschaft, wenn sie fast ausschließlich von Drogen gesteuert werden.

Um sowohl ihnen als auch uns zu helfen, müssen sie erst Mal auf Entzug gesetzt und dann notfalls zwangsweise entgiftet werden.

Erst dann hält das Geistige Wesen, die TAO-Seele, wieder Einzug und beendet weitgehend selbstbestimmt das Zombie-Dasein.

Heute wissen wir es eindeutig und sollten dies unbedingt beherzigen: Ohne die unverfälschte Erfahrung eines spirituell klaren, ungetrübten Geistes gibt es keine Verbesserung in den Fähigkeiten von Menschen.

Deshalb wiederhole ich hier immerfort die Wahrheit über Drogen: Sie sind eindeutig Gifte, die jegliche Vitalkräfte des Zellstaates, des Körpersystems, angreifen oder gar aufzehren und die im Extremfalle dazu beitragen, den Verstand ins Chaos zu stürzen.

Manchmal werden verschiedene Drogen, wie Haschisch und Marihuana, sogar gezielt dafür benutzt.

Vorgeblich religiös oder spirituell wirkende Gemeinschaften vergiften damit ihre Mitglieder. Es werden dadurch Abhängigkeiten geschaffen.

Kriminelle Strukturen auf dem Planeten Erde erzeugen absichtlich ebensolche Abhängigkeiten. Sie dienen ausschließlich der finanziellen Ausbeutung.

Kriegerische Staaten mit aggressiven Armeen und ihren Geheimdiensten erzeugen mit den Drogengiften kampfeswütige Soldaten oder sie brechen damit den Kampfeswillen von Feinden.

Crystal Meth ist kristallisiertes Methamphetamin. Dieser Wirkstoff war einst Hauptbestandteil eines der populärsten Arzneimittel Deutschlands: Pervitin. In der Nazizeit war es bekannt als „Panzerschokolade". Die damit versorgten Flieger und Soldaten waren nicht nur leistungsfähiger sondern auch aggressiver als ihre Gegner.

In China tobte bis 1842 ein erbitterter Opiumkrieg, um die Einfuhr von Opium nach China. Nach der Niederlage der Qing-Dynastie wurde England der Welt größter Drogendealer.

Hüte Dich generell vor dem Gebrauch der Drogengifte. Lebensspender wie Vitamine, Enzyme oder Mineralien werden durch den Gebrauch von Drogen vernichtet.
Sowohl der Körper als auch der Verstand geraten in die Abhängigkeit von Trugbildern und Trugschlüssen.

Tatsächlich haben die meisten Drogen anfangs noch eine irgendwie angenehme Wirkung. Sie erzeugen nämlich den „Drogenkick", ein künstliches Hochgefühl.
Das dringend gemachte Bedürfnis nach jedem weiteren "Drogenkick" (dem vorgegaukelten "Hochzustand") wird stärker und stärker, je weniger Wirkung die Dosierung der Droge noch zeigt.
Höhere Dosen oder härtere Drogen müssen dann her, um überhaupt noch einen "Normalzustand" zu erreichen.
Der fortwährende Absturz ist vorprogrammiert: Der extrem tieftonige Zustand "Tod" rückt näher und näher.

Wenn jetzt jemand meint, er könne einfach so mit gewissen Drogen aufhören und er hätte damit alles wieder im Griff, der irrt gewaltig. Denn vor allem die Rückstände von chemisch synthetischen Drogen werden in kristalliner Form im Gewebe des Körpers abgelagert, hauptsächlich im Fettgewebe.
Bei jedem Gebrauch von solchen Drogen sammeln sich deren Kristalle immer mehr an.
Der Körper kann sie nicht vollständig ausscheiden. Es sind chemische und daher biologisch artfremde Substanzen.

Tatsächlich verbleibt zum Beispiel beim Heroin bis zu 25 Prozent der aufgenommenen Menge im Fett des Körpers.
Jetzt kannst Du Dir vielleicht vorstellen, was wohl geschieht, wenn eben diese Drogenrückstände plötzlich und völlig unvorbereitet, noch nach Jahren, total unkontrolliert, in den Blutkreislauf gelangen, dorthin ausgeschwemmt werden!?

Ganz recht! Sie wirken genau wie damals!

So genannte "flash-backs" (wörtlich übersetzt heißt dies: "Blitz zurück") sind bei den inzwischen „Cleanen" oder „Sauberen", ehemals Drogenabhängigen, keine Seltenheit.

Blitzartig werden dabei die Bilder aus der Vergangenheit wieder lebendig und gaukeln eine verquerte, total veränderte Wirklichkeit vor. Es erscheint eine Realität ohne Bestand.

Der „Blitz zurück" wirkt genau so, als wäre der Körper gerade jetzt mit Drogen vollgepumpt worden.

Beispielsweise beim Sport oder bei anderen körperlichen Anstrengungen, wie beim Sex, oder in Situationen mit Stress, vielleicht in der Schule oder bei der Arbeit oder beim Autofahren, werden die Drogen plötzlich wirksam.

Über die Wahrnehmung der Systeme des Körpers hinaus wird, zudem auch und gerade die eigentlich analytisch denkende, geistige Komponente des Menschen, nämlich der Verstand, von den vergiftenden Substanzen in Verwirrung gebracht, mit dem Körper zusammen heftig gebeutelt.

Hier gilt somit zweifelsfrei:

Nur ein möglichst rein gehaltener Körper ist auch in der Lage einen weitgehend klaren Verstand zu beherbergen.

Es sei hier noch einmal deutlich gemacht, mit welch bösartigem Einfluss wir es allein schon bei der gesellschaftlich noch immer akzeptierten Droge Nikotin zu tun haben: Das Nervengift Nikotin wirkt direkt auf das Gehirn einer Person ein. Es öffnet die Blut-Gehirn-Schranke und lässt somit auch andere Gifte in diese Schaltzentrale des Körpers eindringen.

Wie sehr sogar das energetische Potenzial einer Umgebung durch den von Nikotin hervorgerufenen Drogeneinfluss absinken kann, ist für jedermann leicht nachvollziehbar. Wenn jemand in einen Raum tritt, in dem noch geraucht wird oder in dem längere Zeit geraucht wurde, lässt selbst ein relativ geringer Nikotinpegel die vorhandene Luft schwer und ungenießbar erscheinen.

Die Atmosphäre ist durch die Rauchpartikel einseitig ionisiert worden. Er ist, wie mir erklärt wurde, mit zu vielen Ionen einer Art angereichert. So wird die Luft, über unsere Sinne, als verbraucht wahrgenommen und ist tatsächlich energetisch unbrauchbar.

Die einzig wahren Wege hinaus, Wege in die Freiheit, durch die Befreiung von den Drogen, heißen eindeutig:

Gib Drogen keine Chance.
Meide den gesellschaftlichen Umgang mit Drogen.
Entferne Drogen aus Deiner Umgebung.
Sorge für Deine eigene Entgiftung.

Nur so kannst Du eine optimal koordinierte Leistung von Körper und Verstand erzielen. Denn den echten, dauerhaften "Kick" im Leben bieten niemals die verlogenen Drogen.

Das wahre Gefühl des GlücklichSein finden Menschen:

1) in individueller, kreativer Lebensgestaltung,
2) im gemeinschaftlichen, tätigen Miteinander und
3) im Erfolg beim Erreichen von Zielen.

Nur mit Zielen gestalten wir das „Große Spiel".

Unsere Ziele sind erreicht bei:

Zufriedenheit, Wohlstand, Wohlbefinden
und Harmonie.

Diese zielgerichteten Postulate sind nur dann visuell kraftvoll wirksam, wenn die klar definierte Zielvorstellung aus der Zukunft zur Gegenwart, zum Hier und Jetzt, heran gezogen wird.

Das Ziel muss praktisch geistig als Wirklichkeit und als schon realisiert angesehen werden.

Spirituelle Rückführungen

Worte des dänischen Philosophen und Theologen, Sören Kierkegaard:

„Menschen können sich auf zwei Arten irren:

1) Man kann glauben was nicht wahr ist, oder
2) man kann sich weigern zu glauben was wahr ist."

Die Spirituellen Rückführungen sind ein effektives Angebot zur Bereinigung von dramatisch festgefahrenen Eindrücken im Verlaufe der Zeiten, insbesondere der näheren oder weiteren Vergangenheit.

Dieses hilfreiche Angebot sollte niemals als etwas Dogmatisches aufgefasst oder angesehen werden.

Selbstverständlich gibt es auch noch andere brauchbare Möglichkeiten, um im eigenen Lebenslauf Ordnung zu schaffen.

Allerdings kann ich versichern: Mit Hilfe der Spirituellen Rückführungen gelangt Jedermann sehr schnell und zielgerichtet an die Ursachen von Schwierigkeiten.
Die Gegenwart ist leider sehr häufig nur ein Abklatsch der längst vergangenen Geschehnisse.
Um die dort hängen gebliebenen Aufmerksamkeitsanteile, die Energien des Lebens, zu lösen sind die Techniken der Spirituellen Rückführungen bestens geeignet. Zudem kann ich mit Fug und Recht behaupten:

Was einmal per Spirituellen Rückführungen gelöst wurde, bleibt auch in künftigen Leben gelöst.

Die Zukunft wird dadurch zu einer völlig neuen „Welt der tausend Möglichkeiten".

Hinführung zu den Spirituellen Rückführungen

Liebe Freunde, um es mit Goethe zu sagen:

**"Es war, als wenn meine Seele
ohne Gesellschaft des Körpers dachte,
sie sah den Körper selbst
als ein ihr fremdes Wesen an,
wie man etwa ein Kleid ansieht."**

Johann Wolfgang von Goethe
in Wilhelm Meisters Lehrjahre VI

Und Bischof Gregor von Nazianz (* um 329/330; † 390) fragte:

**„Meine Seele, was denn bist du und
woher gekommen bist du?
Wer hat dieses Leibes Last dir aufgelegt?
Tu kund mir, welche Macht ist's,
die dich band an dieses Lebens Ketten?
Wie bist Du, der Hauch an diesen Körper,
an den Stoff der Geist gebunden?"**

Um dies richtig und vollständig nachvollziehen zu können solltest Du unbedingt an mehreren von Spiritualität geprägten Rückführungen teilnehmen.

Das ist meine persönliche Überzeugung!

Selbstverständlich muss sich niemand meiner Überzeugung anschließen. Auch kann jeder für sich, seinem weitgehend eigenen Weg zur Selbstfindung folgen. Im Laufe der Jahrtausende, in der Geschichte der Menschheit, wurden viele solcher Wege gefunden, wieder verworfen oder einfach verlassen.

Bei einigen dieser Wege wurde die Irreweisung noch nicht aufgedeckt. Deshalb gibt es auf unserem Planeten ein paar Pfade die entweder absichtlich oder unabsichtlich (mit verborgener Absicht!?) ins geistige Abseits führen.

Ich will hier weder bewerten noch abwerten. Finde einfach selbst heraus: Was ist für Dich praktikabel?
Was hilft Dir, das „Große Spiel" mit der Unterfunktion, dem: „Spiel des Lebens", zu bewältigen?

Aber ich wäre nicht Spiritueller Rückführer, wenn mir nicht am Herzen liegen würde, so vielen Menschen wie nur möglich die Erkenntnisse und den Wissensschatz aus Spirituellen Rückführungen in ihrem Leben zugänglich machen zu wollen.

Deshalb, schau Dir einfach mal die vordergründigeren **Zielsetzungen** von Spiritueller Rückführung an:

> Das Lösen von aktuellen körperlichen oder psychischen sowie sozialen Problemstellungen.

> Beseitigung von Konflikten mit Partnern und/oder anderen Personen.

> Das Beheben existenzieller, wie z.B. beruflicher Schwierigkeiten.

> Befreiung von Ängsten, Zwängen, Verlusten, schmerzlichen Empfindungen.

Dies alles geschieht nicht im herkömmlichen oder gar im medizinischen Sinne sondern durch die Person selbst.
Jedermann aktiviert seine Selbstheilungskräfte selbst, macht sich seine Blockaden bewusst, um sie dann zu lösen.
Traumatisch dramatisierte Erlebnisse (besonders aus früheren Leben) werden von der Person aufgearbeitet und alte, sehr alte Verhaltensmuster werden erkannt und losgelassen.

Die in Spirituellen Rückführungen gewonnenen Erkenntnisse führen häufig zu veränderten Betrachtungen, zu einer neuen Sichtweise auf das eigene Leben.

Du erkennst dadurch immer klarer die größeren Zusammenhänge des Lebens.

Der Zielpunkt lässt sich noch einfacher und präziser fassen:

Du fühlst Dich gelöst, befreit und kraftvoll.

Dies alles, das betone ich nochmals, ist auf keinen Fall unter medizinischen Gesichtspunkten zu betrachten.

Heilung muss immer ganzheitlich gesehen werden. So hat sie im letztlichen, übergeordneten Ausmaß, etwas mit Heilung im religiösen oder spirituellen Sinne zu tun.

Oder, wenn wir es dennoch auf das Biologische, das Chemische oder das energetisch Physikalische reduziert lassen, wird angestrebt, ein harmonisches Fließen von Energie herbeizuführen, um es dann zu stabilisieren.

Der beständig strömende Energiefluss bildet die Grundvoraussetzung für Lebendigkeit und gesundes Wohlbefinden.

Spirituelle Rückführungen sorgen dafür, dass die im Strom der Zeit hängen gebliebenen Energiepotenziale abgelöst werden.

Dadurch kommen sie wieder zur Gegenwart und stehen der Person hier zusätzlich zur Verfügung.

Wir haben eine gewaltige Menge unserer Energie in der Weite jenes fiktiven Zeitablaufes rumhängen.

Wir könnten wesentlich stärker und fähiger sein, wenn wir auf diese energetischen Kraftpunkte wieder Zugriff bekämen.

Dir, den Menschen in Deiner Umgebung und darüber hinaus, der ganzen Menschheit, wäre damit enorm geholfen.

Dies gilt sowohl für jetzt als auch für die Zukunft, für alle noch folgenden Leben.

Verstehst Du nun, warum ich persönlich für die Rückführung plädiere?

> **„Es ist unglaublich,
> wieviel Kraft die Seele dem Körper
> zu leihen vermag."**
>
> Wilhelm von Humboldt

Weitere mögliche Gründe für die Maßnahme:

> Die Entlastung von den Nachwirkungen jeglicher Arten von Bewusstlosigkeit oder von herabgesetztem Bewusstsein, wie es zum Beispiel bei Narkosen, Hypnosen, tiefen Trancezuständen, Unfällen oder schwerwiegenden Krankheiten auftritt.

> Die Freisetzung von Selbstheilungskräften wird angestrebt, in erster Linie der geistigen, dann auch der körperlichen und zudem jene des sozialen Daseins.
Wobei die Heilung von Gebrechen bei den Spirituellen Rückführungen niemals im Vordergrund steht!
Letztlich geht es um den Weg zur Heilung, was immer auch die Transformation des Menschen als Körper, Geist und Seele einschließt. Darüber hinaus findet eine auf das Göttliche gerichtete Transzendenz statt.

> Eine Erleichterung gegenwärtiger Problemstellungen und dann geschieht die stabile Befreiung von schmerzhaften Verlusten sowie von Verlustängsten.

> Das Beseitigen von körperlichen und geistigen Energieblockaden, um sich aus Zwängen und Zwanghaftigkeit lösen zu können.

> Das Finden karmischer Verbindungen und negativ wirkender Verbindlichkeiten und die Ablösung davon.

Dabei geht es niemals um Schuld und Sühne, sondern ausschließlich um das Finden von Ursache und Wirkung für die geistigen Bindekräfte Liebe und Hass, die einen karmischen Prozess über Äonen oder immerhin tausende von Jahren aufrecht erhalten.

Möglicherweise werden sogar unangenehm wirkende, partnerschaftliche Beziehungen zu einem harmonischen Dasein umgewandelt.

> Das Auffinden von negativ wirkender, geistiger Besetzung durch fremde Mächte oder Wesenheiten und die endgültige Lösung aus deren Umklammerung.

> Das Aufspüren von geistigen Implantationen, Einpflanzungen in den Verstand. Ein Beispiel für so eine, weit verbreitete, viral wirkende Anweisung lautet: „Andere ins Unrecht setzen!"

> Das Lösen aktueller Problemstellungen oder Herausforderungen des Lebens durch das Auffinden von damit zusammenhängenden Ursachen in der näheren oder fernen Vergangenheit.

Oftmals fallen Entscheidungen, verschiedenster Art und Weise, nach Spirituellen Rückführungen leichter oder sie werden einfach zur Gewissheit, sowohl für die Gegenwart als auch zur Zukunft hin.

> Die Erweiterung von Wissen, die Wahrnehmung von Zusammenhängen und die Rehabilitierung von Befähigungen bezüglich des Lebens, des Erlebens und des Überlebens, durch das Gewinnen von Einblicken in vergangene Ereignisse.

> Das Errichten einer starken, besonders geistigen Basis im Hier und Jetzt, wodurch sowohl Kreativität als auch Schaffenskraft gesteigert werden.

> Das Gewinnen unzweifelhafter Selbst-Wahrnehmung und der Selbst-Erkenntnis, mit unumstößlich erfahrbarer Gewissheit darüber, ein Geistiges Wesen zu sein.

> Die Erkenntnis und die Erfahrbarkeit von Verbindungen zu anderen Geistigen Wesenheiten sowie zu deren Vorstellungswelten. Daraus entwickelt sich die Wissensgewissheit zum Miteinander in der Welt des Geistigen Kosmos sowie im physikalischen Universum.

> Eine mögliche Aufnahme des Kontakts zum Ursprung allen Seins, zu dem Ursprünglichen, dem Göttlichen TAO.

Das Ziel ist die wahrhafte Erkenntnis zum Sinn unseres Daseins.

Die Wirkungsweisen

Spirituelle Rückführungen, wie ich sie verstehe, haben niemals als Zielvorgabe Krankheiten zu heilen oder therapeutisch zu sein.

Meine Art und Weise der Rückführung ist, ohne Wenn und Aber, ausschließlich eine religiös spirituelle Maßnahme mit dem **Ziel der Transformation** vom Menschsein zu TAO, zur Person selbst, des „Ich bin", dem Geistigen Wesen sowie der **Transzendenz** im Göttlichen TAO. Dies führt zur Erkenntnis über dieses Geistige Wesen sowie zu seiner Freisetzung im Hier und Jetzt.

Wirkungsweise 01:

Mit Hilfe Spiritueller Rückführungen räumt der Rat- und Hilfesuchenden eigenständig im jeweils eigenen Verstand auf, dem energetischen Datenspeicher.

Ähnlich wie bei Büchern in einer Bibliothek, die aus dem Regal gefallen sind, wirr herumliegen oder einfach nicht an ihrem angestammten Ort stehen, wird mittels der Spirituellen Rückführungen Ordnung geschaffen.

Es geht darum im jetzigen Leben Klarheit und Ordnung zu bekommen.

Wirkungsweise 02:

Die Spirituellen Rückführungen ermöglichen es den Geistigen Wesen Zugriff auf die insbesondere im Verstand verankerte Zeitlinie zu bekommen.

Dabei öffnen sich Bilder und Geschehnisse sowie die zugehörigen Emotionen, erst unklar doch mit der Zeit immer deutlicher.

Der zeitliche Ablauf, der anfangs wie ein verworrenes, verfilztes Wollknäuel wirken kann, wird immer mehr entwirrt und zur angenommenen Linie begradigt.

Sich überlappende Bilder von Erlebnissen werden geklärt. Geschehnisse werden einzeln darstellbar. Unterschiedliche, unklare Ereignisse werden entzerrt.

Scheinwelten lösen sich auf und zum Teil höchst unglaubwürdige Wirklichkeiten, die sich im Verstand eingenistet haben, werden als solche entlarvt.

Die Erlebnisse werden erst einmal im Zeitverständnis des Verstandes sortiert und festgelegt. Wie die Perlen auf einer Schnur stellt sich dann der Zeitablauf dar.

Wirkungsweise 03:

Allerlei belastende Geschehnisse sowohl der nahen als auch einer sehr viel weiteren Vergangenheit werden gefunden. Deren Problematik wird mit relativ wenigen Sitzungen energetisch entlastet.

Diese Problemstellungen sind bei der zuordenbaren Vergangenheit zu finden. Sie erscheinen als schwere Krankheiten, Narkosen, Hypnosen, Unfälle und in mehreren alten Todesereignissen.

Durch die Spirituellen Rückführungen lösen sich ebenfalls die daraus resultierenden Erscheinungen in der Gegenwart auf.

Es werden in jedem Falle brauchbare Ergebnisse erzielt. Dies gilt sowohl für dieses als auch für die folgenden Einheiten des Lebens (die kommenden Reinkarnationen).

Wirkungsweise 04:

In jedem dieser alten Geschehnisse wurde etwas Aufmerksamkeit gebunden. Dies geschah durch die Schwere dessen was sich ereignete, was sich als dramatisches Problem darstellte.

Der Energiegehalt oder das Energiepotenzial in solchen Vorkommnissen kann enorm sein. Menschen haben tatsächlich in der Gegenwart physisch an Körpergewicht verloren, nachdem sie derartige Geschehnisse gelöst hatten.
Die verlorenen, gebundenen Energien, in der Art und Weise von nicht bewussten Aufmerksamkeitsanteilen die im Zeitstrudel hängen geblieben sind, werden per Spiritueller Rückführungen aus den Ereignissen der Vergangenheit abgelöst.

Dieses Energiepotenzial kommt dann der Person in der Gegenwart zugute. Gestärkt kann sie damit dem Alltag besser begegnen.

Wirkungsweise 05:

Je fester Wesen in ihrem menschlichen Körper verhaftet sind, umso intensiver erleben sie auch dessen Überlebenskampf.
Während der Spirituellen Rückführungen erkennen sie zunehmend, dass sie in Wahrheit nicht ihre Körper sind.

Im Verlaufe der Ereignisse betrachten sich die Freunde irgendwann von außerhalb. Sie sehen ihre Körper sich bewegen und geradezu selbstständig handeln. Wenn sie sich dann wieder hinein begeben, hat sich ihr Bewusstsein dazu verändert. Menschen können den Ablauf im Leben nun bewusster beeinflussen.

Dieses Erleben kann schon sehr früh einsetzen. Manche Rat- und Hilfesuchende gelangen bereits bei einer ihrer ersten Spirituellen Rückführungen zu solchen Phänomenen. Andere brauchen wesentlich länger bis sie dies erkennen und bis sie überhaupt anerkennen können was ihnen da geschieht.

Es gibt Menschen die, als ewige Zweifler oder Blockierer, lange Zeit keinen Fortschritt in ihrem Fall zulassen können.

Doch alleine schon die Erkenntnis ein Geistiges Wesen zu sein, eine Seele zu sein und nicht nur eine solche zu haben, katapultiert Personen aus ihrem Alltag hinaus.

Völlig neue Betrachtungsweisen und real ablaufende Situationen tun sich auf.

Wirkungsweise 06:

Die Sicht in die Vergangenheit erweitert den Horizont enorm, besonders der Blick in die viel weiter zurückliegenden Geschehnisse.

Wie bei archäologischen Ausgrabungen wird Schicht auf Schicht abgetragen, Geschehnis auf Geschehnis freigelegt und Wissen auf Wissen geborgen.

Dabei kann es durchaus vorkommen, dass, wie bei der Grube des Archäologen, wieder etwas Schutt oder Geröll nachrutscht.
Auch diese neuerliche Verschüttung muss dann eben mit viel Geduld wieder beseitigt werden.
Wenn schließlich die Ausgrabungen soweit abgeschlossen sind, fühlt sich die Person genauso begeistert wie einer der Forscher oder Entdecker.
Allerdings mir dem entscheidenden Unterschied, dass die rat- und hilfesuchenden Freunde hier vorwiegend ihre eigene Geschichte entdecken und freilegen.

Zugleich werden noch Problemstellungen und Belastungen gelöst, die unmittelbar die Gegenwart beeinflussen.

Die Wissensinhalte, die im herabgesetzten Nichtbewussten dicht verschlossen oder verschüttet waren, führen in der Gegenwart und weiterhin auch für die Zukunft zu Erkenntnissen ohne Ende.

Wirkungsweise 07:

Die geistige Welt offenbart sich jedem Wesen. Es steht dabei unzweifelhaft fest, dass es kein irgendwie geartetes Unterbewusstsein gibt. Wie soll es ein Bewusstsein unter dem Bewusstsein geben?

Lediglich eine Art nichtbewusstes Dasein lassen Geistige Wesen sehr vermenschlicht erscheinen. Dies ereignet sich auf unterschiedlichen Gradienten von Bewusstheit.

Erst der größere Rahmen für mehr Verantwortlichkeit verleiht der Geistigen Wesenheit erneut die geistige Größe die ihr zusteht.

Wer in die Welt des Geistigen vordringt, wird zu Erkenntnissen gelangen die ihm heute noch unglaublich, ja phantastisch erscheinen. Längst verloren geglaubte Fähigkeiten werden wieder geweckt, gewissermaßen rehabilitiert und der Person auch gegenwärtig zugänglich gemacht. Denn wir haben weder unser Selbst noch unsere Fähigkeiten wirklich verloren.

Wer die Welt der Magie zu finden hofft oder höhere Mystik erleben will, ist mit den Spirituellen Rückführungen bestens bedient.

Es eröffnet sich die Welt der tausend Möglichkeiten. Der Mensch muss sich nur selbst dafür öffnen und diese Welt in seinem Leben selbstbestimmt zulassen.

Wirkungsweise 08:

Die Selbstbestimmung führt ebenso zu mehr Selbstständigkeit, im Sinne von ständig Selbst sein. Auch die häufig herbeigesehnte Selbsterkenntnis gelingt ohne jeden Zweifel per Spiritueller Rückführungen.

TAO, die Person selbst, erkennt ihr ureigenes Selbst. Der Mensch nimmt also Kontakt mit seinem „Ich bin" auf. Er muss nur den Schulterschluss zu sich Selbst wieder herstellen.

Spirituelle Rückführungen lassen die Freunde nicht nur sehen, sondern deutlich erspüren und wahrnehmen wer oder was wir einst waren und immer noch sind.

Denn wir sind tatsächlich jetzt, unmittelbar Hier und Jetzt das Geistige TAO-Wesen vom Ursprung des Seins, ohne durch Raum oder Zeit begrenzt oder getrennt zu sein.

Ausschließlich dadurch können Menschwesen bewusst selbstbestimmt und selbstständig im eigentlichen Sinne sein.

Im Verlaufe von Spirituellen Rückführungen befähigen die Freunde sich tatsächlich selbst dazu, ihr ureigenes Sein wieder zu erlangen. Über die Zeit hinaus ist dann, zum Hier und Jetzt her, eine dauerhafte Verbindung hergestellt.

Sie geht der Person nie mehr verloren, wenn sie einmal erneut Kontakt zu sich Selbst aufnehmen durfte.

Je mehr Spirituelle Rückführungen jemand für sich absolvieren kann, umso mehr Energie fließt der Person für das gegenwärtige Leben zu.

Das bewusste Sein im eindeutigen Hier und Jetzt nimmt kontinuierlich zu.

Wirkungsweise 09:

Mit dem wahrhaft erlebbaren Kontakt zum ursächlichen Ursprung von uns allen, gewinnen die Freunde die direkte Verbindung zum Göttlichen TAO, zur „Erscheinung" übergeordneter, klarer Energetik. In vielerlei Religionsfiktionen in aller Welt wird sie als „Licht und Liebe" beschrieben.

Vielleicht findet sich hier auch die Erklärung für die so genannte „Dunkle Materie" oder für die „Dunkle Energie", die von einigen Wissenschaftlern entdeckt wurde?! Dies weitschweifig umständlich beschreiben zu wollen ist illusorisch.

Erst das, durch Spirituelle Rückführungen erreichbare, Erleben des Geistigen TAO-Seins, als der Person selbst, lässt erahnen wie sich die Verbindung zum Göttlichen TAO „anfühlt". Völlig gewiss ist nur, dass wir auch hier, im allgegenwärtigen, geistigen Kosmos sowie im physikalischen Universum, mit dem Göttlichem TAO unmittelbar verbunden sind.

Unsere, von TAO gestellte, übergeordnete Aufgabe besteht einfach darin:

„Das Leben zu leben"
beziehungsweise
„Das Spiel zu spielen"

Dabei soll unser Bestreben sein, so viel Erlebnis wie nur irgend möglich zu sammeln, Gutes oder Böses oder völlig Gleichgültiges.

Nach jeder Spirituellen Rückführung ist ein Neustart im Hier und Jetzt möglich. Wir finden uns Selbst, der TAO-Seele.
Die Erkenntnisse aus der Maßnahme erweitern den Rahmen der Möglichkeiten für eine bessere Zukunft.

Die neuen Möglichkeiten von Projektionen, in entsprechende, so genannt morphische Felder hinein, ermöglichen eine offene, schöpferische Gestaltung.

**„Nimmer vergeht die Seele,
vielmehr die frühere Wohnung tauscht sie mit neuem Sitz und lebte und wirkt in diesem.
Alles wechselt, doch nichts geht unter."**

Pythagoras (ca. 582 – 496 vor Christus)
Philosoph, Mathematiker und Astronom

**„Wenn wir, wie ich es lehre, an die Unsterblichkeit der Seele und an ihre Kraft glauben,
alles Böse und Gute, das sie trifft, zu überdauern,
so werden wir für immer an dem Wege nach oben festhalten und werden all unser Streben
der Gerechtigkeit und der Vernunft widmen."**

Platon (427 – 347 vor Christus)
Schüler des Sokrates

Reinkarnation, Seelenwanderung?

Die folgende Aussage des Religionswissenschaftlers Huston Smith stelle ich mit ein wenig Wehmut voran:

„Ungebildete Menschen wissen vieles nicht, aber sie sind selten dumm. Denn, wenn sie sich auf ihre Erinnerungen verlassen müssen, ist es wahrscheinlicher, dass sie sich an das erinnern, was wichtig ist.
Gebildete Menschen hingegen neigen dazu, sich in ihrer riesigen Bibliothek der aufgezeichneten Informationen zu verlieren."

Hier will ich mich weder mit der Wiederauferstehung von Göttern, wie sie in ägyptischen oder griechischen Mythen beschrieben werden, noch mit der Wiedergeburt abstrakter Inhalte, wie Ideologien oder Wissenschaften, oder von Volksgruppen oder Staaten befassen.
Mir geht es ausschließlich um das **wieder geboren werden** von Lebewesen sowie der Verbindung mir dem Göttlichen Geist (TAO), der Seele, seien die Lebewesen nun menschlich oder nicht.

Für mich bedeutet Reinkarnation ausschließlich und unmittelbar der Wechsel aus einem Körpersystem in ein anderes.
Es ist dabei völlig nebensächlich ob sich dieser Wechsel nur im Bereich von menschlichem Dasein vollzieht.
Dass dazwischen so etwas wie der Tod liegt, ist geradezu unerheblich. Denn der Tod ist lediglich der Abschluss des Sterbeprozesses, der sowieso ein Leben lang andauert.
Die nach einem solchen Tode (Exkarnation) einsetzende Wiedergeburt oder eben lateinisch Reinkarnation: Wiederfleischwerdung oder Wiederverkörperung, ist dem menschlichen Sinnverständnis ganz offenbar keineswegs fremd.

Die Altgriechen kennen dafür den Begriff Palingenese: Wiedererzeugung.

Die Vorstellung einer Reinkarnation oder deren mehrere finden wir besonders in religiösen Philosophien.

Unter der Bezeichnung Reinkarnation begegnet uns die Wiedergeburt speziell bei den indischen Religionsformen, wie den Weltanschauungen des Hinduismus, des Buddhismus oder des Jainismus.

Fälschlicherweise werden jedoch auch außerkörperliche Erfahrungen in diesem Zusammenhang als Reinkarnation bezeichnet.

Um die Reinkarnation gut verstehen zu können, brauchen wir halbwegs klare Begriffsdefinitionen, zumindest vom Geist, von der Psyche und von der Seele.

Deshalb folgt jetzt der Versuch diese wichtigen Begriffe zu klären, ihnen gewisse Bedeutungen zuzuordnen.

Geist:

In der Beschreibung der „Person selbst" oder des „Ich bin" vermeide ich mit Bedacht die einfache Bezeichnung „Geist".

Denn, wenn man in einem ausführlichen Bedeutungswörterbuch nachschaut, wird man ganz schnell feststellen:

Der Begriff „Geist" wird für sehr viele, allzu unterschiedliche Bedeutungen herangezogen.

So wird er beispielsweise als „Träger des Lebens" bezeichnet oder als das denkende, erkennende Bewusstsein, im schwammigen Unterschied zu einer angeblich empfindenden, ach so empfindsamen Seele.

Der nächste Definitionsversuch bezeichnet den „Geist" als: Liebenswürdige, feinsinnige, kluge Witzigkeit.

Dann auch als: Gesamtheit aller nichtmateriellen Eigenschaften, zum Beispiel eines Volkes, einer Epoche, einer Dichtung.

Auch von den Menschen im Hinblick auf ihre geistigen Fähigkeiten, ihr inneres Wesen, ihren Genius, spricht man von Geist.

„Geist" bezeichnet zudem: Wiederkehrende Verstorbene, abgeschiedene Seelen, als Gespenster, Dämonen und Teufel, Naturwesen und, nicht zu vergessen, das Göttliche als Heiliger Geist.

Somit lassen wir diesen widersprüchlichen, in so gut wie alle Himmelsrichtungen dehnbaren Begriff „Geist" einfach geistreich außen vor.
Ich benutze deshalb bestenfalls die Begriffe „Geistige Wesen" sowie „Welt des Geistigen" und ansonsten eindeutigere Bezeichnungen, die den Unterschied zum Körperlichen klarer aufzeigen.

Psyche:

Absichtlich vermeide ich auch den Begriff „Psyche". Genau wie dem Wort „Geist" werden diesem Wort zu viele unterschiedliche Bedeutungen beigeordnet.
Damit wird wieder mal nur noch mehr Verwirrung geschaffen (möglicherweise sogar absichtlich).

Aus dem Griechischen kommend besagt der Begriff „Psyche" sowohl Lebensodem, Atemkunde, Lebenskraft, Lebenslehre als auch Bewusstsein sowie Gemüt, Trieb und sogar Seele.

Was denn nun? Was hat die Lebensenergie mit der Körperkunde oder auch der Seele gemeinsam?

Um das vielgestaltige Kraut auch hier noch fetter zu manchen ist „Psyche", aufgrund mythologischer Vorstellungen, auch noch „Schmetterling".
In der griechischen Mythologie hatte nämlich eine sterbliche Königstochter, mit dem Namen Psyche, eine Liebesbeziehung mit dem Gott Amor, auch Eros oder Cupido genannt.
Schließlich wird sie nach etlichen harten Prüfungen unter die Unsterblichen aufgenommen.

Wo bleibt hier aber der Bezug zu dem, was wir als das „Ich bin" oder etwa die „Person selbst" bezeichnen?

Im Lande Österreich versteht man übrigens unter dem Begriff „Psyche" eine Frisiertoilette, mit der man sein Erscheinungsbild zurechtstutzen kann. Das scheint irgendwie ehrlicher zu sein, als alles andere, was das Wort „Psyche" noch begleitet.

Die Psychologie sagt jedenfalls mittlerweile selbst von sich, keine „Wissenschaft vom Seelenleben" zu sein, sich nicht mit der Seelenkunde zu beschäftigen.

Psychologen sind demgemäß eher empirisch forschende Wissenschaftler, die sich mit der Erforschung des Lebewesens Mensch, in seinem Verhalten, mit seinen Fähigkeiten und mit dem nervlichen Zusammenspiel befassen.

Die Psychologie beschäftigt sich also empirisch, zumindest seit dem ausgehenden 19ten Jahrhundert, was soviel heißt wie: Aus den Erfahrungen gewinnend, darauf beruhend, vergleichend mit dem Verhalten von Mensch und Tier.

Deshalb kennen wir auch die berühmt berüchtigten, nur oberflächlich bekannt gewordenen Experimente mit Ratten, Mäusen, Hunden und Schimpansen.

Im Jahrhundert davor mischte sich die Psychologie noch mit der Philosophie, mit Theologie und Metaphysik.

Die wenig empirischen, eher metaphysischen Zusammenhänge hat diese neue „Wissenschaft vom Menschen" mittlerweile weit von sich gewiesen.

Sie versucht demnach weder Geist noch Seele sowie den Sinn des Lebens philosophisch zu erklären.

Für solche Metaphänomene, mehr spekulativen Ideen und Vorstellungen, wurde extra die Parapsychologie geschaffen.

Bei dieser geht es dann tatsächlich mehr um Seelenaspekte, wie etwa Geister und Geistererscheinungen, sowie um verschiedene außersinnliche Wahrnehmungen, also irgendwelche „Fähigkeiten der Seele".

Sie wird, wie es das Wort schon verdeutlicht, aus der Psychologie ausgegrenzt („para" ist griechisch und heißt: Neben..., gegen... oder wider...).

Ihr Wissenspool nimmt all die unheimlichen, außergewöhnlichen Phänomene auf, die der „normalen Psychologie" nicht ins Programm passen, als eine Art ausgelagerter „Müllcontainer".

Mir stellen sich darüber hinaus folgende grundlegenden Fragen:

> Wo bleiben die Religionsgemeinschaften und Kirchen sowie deren Vertreter, speziell der westlichen, noch immer römisch geprägten Welt, bei diesem Spiel mit Psyche, wenn diese sich per Wörterbuch als Seele definiert und trotz allem nicht als solche offenbart?

> Haben jene Religionsformen etwa in den letzten hundert Jahren versagt, als es um die Seelenforschung ging?

> Wollen die Vertreter der offiziellen sowie der inoffiziellen Kirchen es auf Dauer zulassen, dass die Psycho/Seele immer intensiver in die Materie eingebunden, geradezu herein gezogen wird?

> Sollen sich die Kirchenmitglieder in dem Sumpf von niederen Emotionen und den körperlichen Abhängigkeiten selbst aufgeben, schließlich ganz verlieren?

> Wessen übergeordnete Absicht ist das?

Nach meinem Verständnis darf es einfach nicht darum gehen, die Geistigkeit der Wesen ausschließlich auf den körperlichen Menschen und seine offensichtlichen Unzulänglichkeiten zu reduzieren.

Auch kann der Einsatz medizinischer Drogen niemals eine dauerhafte Lösung für geistige Problemstellungen sein.

Ebenso entspricht der wertende, be- sowie abwertende Vergleich mit Tieren, Ratten, Schweinen oder Affen, die dem Menschlichen irgendwie ähnlich sein sollen, nicht meiner Vorstellung von geistiger Freiheit.

Die Seele ist mehr!

Seele:

Selbst der Begriff „Seele" wurde von den unterschiedlichen Interessengruppen so durcheinander gewirbelt, dass deren Ursprünglichkeit aufgeweicht wurde und fast verloren ging.

Eine ziemlich seltsam anmutende Wörterbuch-Definition besagt: Die Seele ist das Innenleben eines Lebewesens, das sich im Denken, Fühlen, Handeln oder im Bewegen äußert.
Damit sind doch hoffentlich nicht unsere speziellen Innereien gemeint? Vielleicht das fühlende Herz oder der denkende Bauch?

Seile werden um die innere Faser oder Litze herum angefertigt, die man Seele nennt. Dieser innerste Teil macht ihre Stabilität aus.

Bei der menschlichen Seele spricht man von deren Gemütskräften, ebenso wie vom unsterblichen Anteil des Menschen.
Außerdem wird von der dynamischen Triebkraft und dem Leben gebenden Mittelpunkt ausgegangen.

Im Urgermanischen heißt sie „saiwalo". Dies beschreibt die „vom See stammende" oder „von der See stammende" oder die „zum See gehörige".
Wir finden in den alten Überlieferungen auch eine Ableitung von See, als dem Aufenthaltsort sowohl der Ungeborenen als auch der Toten. Die See ist hier wohl auch gleichbedeutend mit dem Meer, als Sinnbild für das All oder das Universum.

Trotz aller Wirrnis, ist mir der Begriff „Seele" noch am sympathischsten, denn er hat etwas Ursprüngliches.
Zudem ist der Seelenbegriff, den ich mit Bedacht anwende, all dem Wirrwarr von Geist oder Psyche übergeordnet.
Als „Seele" gelangen wir so zu vereinfachten Verhältnissen, ohne die herkömmlichen Begriffsverwirrungen.
Mit dem Seelenbegriff, den ich meine, können wir auch wieder an das Geistige Wesen anknüpfen, an die „Person selbst" oder das „Ich bin".

Die Seele ist bei mir Geistiges TAO, der „Göttliche Funke", der, vom Ursprung her, nicht dem physikalischen Universum zuzuordnen ist, der wahrhaft ein Abbild des Göttlichen TAO ist.

TAO, die „Person selbst", ist demzufolge vollständig bewusstes, Göttliches Sein des „Ich bin", eines Geistigen Wesens, einer wahrhaftigen Seele.

Unser Alltagsbewusstsein ist lediglich ein schwacher Abklatsch dieses bewussten Seins.

So wie wir mit unseren Sinnen nur einen Bruchteil all der Frequenzen von Licht, Schall und sonstiger Wellen wahrnehmen können, ebenso unvollständig ist unser menschliches Bewusstsein.

Erst nach dem körperlichen Tod erhalten wir (hoffentlich – wahrscheinlich aber doch noch nicht oder nicht immer) die Erkenntnis für unser wirkliches Göttliches Sein zurück.

Bei dem Eintritt des körperlichen Todes verlässt TAO, die „Person selbst", die menschliche, körperlich-energetische Einheit und nimmt dabei den Verstand mit, plus der Speicherinhalte aus der Materie des Körpers sowie aus der Energie der Aura.

Deshalb funktionieren die Spirituellen Rückführungen, bis weit in frühere Leben hinein und sogar zur Zukunft hin.

Mit der Möglichkeit des Zugriffs der Seele, der „Person selbst", gemeinsam mit dem Verstand, auf alle gespeicherten Daten, lassen sich alte Ereignisse wieder hervorholen oder neue kreieren.

In anderen Ausführungen versuche ich verschiedenen, großen Religionsformen auf den Zahn zu fühlen, was Wiedergeburt, Reinkarnation und Seelenwanderung anbelangt.

Ich fand dort etliche unterschiedliche und manche gleichbedeutende Ansichten. Letztlich durfte ich erfahren: Die von mir gefundene, spirituelle Art und Weise des TAO beinhaltet sehr viel Basiswissen für verschiedene Religionen dieses Planeten.

Aus dieser, vor ziemlich langer Zeit eingebürgerten, nichtirdischen Art und Weise religiösen Denkens, scheint sich so manche irdische Religion ein paar Scheiben abgeschnitten zu haben.

Für mich, meine Wahrnehmung von Betrachtungen, sind die unterschiedlichen Seelenaspekte die ewigen Daseinsformen.

Daraus ergibt sich:

**Es gibt nur ein Dasein im Geiste,
das alle Zeiten überdauert.**

Leider verlieren wir, aufgrund unseres derzeitigen, in allzu heftige Verwirrung geratenen Zustandes (ob mehr oder weniger gewollt oder eher einfach damit übereinstimmend), die Erinnerungen an frühere Leben.

Doch trotz all unserem ursprünglichen Wissen und Können, einem gewaltigen, geistigen Schatz, werden wir in wechselnde Körpern immer und immer wieder hinein geboren.

Jetzt gilt es den Schatz zu heben, den einmal postulierten Übereinstimmungen zu widersprechen und unsere alten Fähigkeiten wieder abrufbar zu gestalten.

Genau dafür dienen uns die Spirituellen Rückführungen.

Dabei ist meine Anschauung mit der von Hildegard von Bingen so gut wie deckungsgleich:

**„Die Seele ist die Herrin,
das Fleisch ist die Magd,
denn dadurch, dass die Seele ihrem Leib
das Leben mitteilt, hat sie ihn in der Gewalt
und der Leib gibt sich
im Empfangen des Lebens der Seele hin."**

Persönliche Voraussetzungen

Auch hier beginnen wir mit der Klärung von Begriffen:

Die **Meditation**:

Meditative Bewusstseinszustände werden je nach Tradition mit „Eins-Sein", „im Hier und Jetzt sein" oder „Stille", „Leere" sowie „frei von Gedanken sein" beschrieben. Meditation ist eine in vielen Religionen und Kulturen geübte spirituelle Praxis.

Durch aufmerksame Achtsamkeits- und Konzentrationsübungen beruhigen sich Körper und Geist (hier der Verstand); Vitalität erwacht dennoch und das Leben sammelt neue Kräfte.

Besonders in östlichen Kulturen gilt die Meditation als eine grundlegende und zentrale, das Bewusstsein erweiternde Übung.

Meditieren bedeutet beispielsweise im Buddhismus «müheloses Verweilen, in dem was ist».

Das **Bewusstsein**:

Hierunter versteht man bewusstes Sein mit allen zur Verfügung stehenden Sinnen. Mit den körperlichen den energetischen sowie den geistigen Wahrnehmungsfähigkeiten, inklusive all den jeweiligen Betrachtungen dazu. Mit ihnen wird die Welt erfasst.

Bewusst zu sein definiert sich außerdem über den Besitz und die Empfindung mentaler Zustände wie Wahrnehmungen, Erinnerungen und anderer Vorstellungen.

Die Gedanken aller Arten und Weisen und formloser Formen, wie Überlegungen, Beurteilungen, Einschätzungen, Berechnungen und Bewertungen, Planungen oder der Bildung von Konzepten zählen ebenfalls dazu.

Zudem ist die objektive sowie die subjektive Bewusstheit die besonders dazu nötige Achtsamkeit und die als „energetisch" definierte Aufmerksamkeit.

Das **Selbst**:

Körper, Geist (Verstand) und Seele! Die Wahrnehmung zum Körper, mit Zellstaat und Energiefeld, ist hierfür ebenso entscheidend wie die zur Wirkungsweise des Verstandes, dem weitgehend auf Logik basierenden, analytisch denkenden, energetischen Konstruktes.

Die Durchführung von berechnenden und wertenden Zuordnungen und Vergleichen ist ein wichtiger Teil seiner Aufgaben. Dadurch bekommt das Selbst Bestand im physikalischen Universum.

TAO, die Seele, die jemand ist - nicht hat, ist das „Geistige Wesen" oder „die Person Selbst". TAO trägt wesentlich zum Verständnis eines Selbst im übergeordneten, spirituellen Sinne bei.

Das **Hier**:

Unmittelbarer Ort! Man befindet sich in vollständiger, stabiler Bewusstheit, zum jeweiligen örtlichen Umfeld. Auch, wenn die Orte ständig wechseln, wird die Umgebung immer aufmerksam wahrgenommen, inklusive aller Personen und Tiere, der Gegenstände, jeglicher sinnlicher Einflüsse und sonstiger „Störfaktoren".

Das **Jetzt** besagt:

Absolute Gegenwart! Jeglicher Bezug zur Vergangenheit, der eigenen sowie der von geschichtlich Fremden, ist in diesem Zustand bewusst gemacht, wird so absolut stabil gehalten und der Gegenwart zugeordnet.

Die Zukunft ist hierbei: Die völlig bewusst erlebbare Wahrnehmung von vielerlei Möglichkeiten in immerwährender Veränderung.

Die Zukunft wird verantwortungsbewusst gestaltet und in Übereinstimmung mit anderen erschaffen, mit dem Jetzt, eben der Gegenwart, als Ausgangsbasis.

Bevor Du Dich **sowohl als Spiritueller Helfer, als auch als Rat- und Hilfesuchender** entweder alleine oder in geführtem Miteinander auf spirituelle Maßnahmen, wie die Spirituellen Rückführungen, einlässt, solltest Du **zumindest 18 Jahre alt** sein.

Eine Altersbegrenzung nach oben sehe ich hingegen nicht als notwendig an.

Wie bei jeder geistigen Arbeit gibt es einige wichtige Grundvoraussetzungen, an die Du Dich unbedingt halten solltest.

Dies gilt sowohl für Meditationen als auch für spirituelle Sitzungen sowie für Lern- und Lehrsituationen.

Dabei sind die scharfen Aussagen: „Du sollst" oder „Du darfst nicht" nur zu Eurem persönlichen Schutz so streng formuliert.

Hier also die wichtig zu beachtenden Voraussetzungen:

1. Du sollst Dich ausreichend, gut und vernünftig ernähren.

Dabei geht es hauptsächlich darum, anstelle von sinnlosen Füllstoffen (viel Süßigkeiten aus weißem Zucker, übermäßig fettes Essen, zu viel Gebäck aus weißem Mehl, ...) möglichst hochwertige Nährstoffe zu sich zu nehmen.
Dazu gehört „lebendiges Essen", wie Obst und Gemüse, oder andere nährstoff- und vitaminreiche Nahrung.

2. Du sollst ausgeruht und ausgeschlafen die Sitzung angehen.

Jedermann hat ein etwas anderes Schlafbedürfnis. Zirka sechs bis acht Stunden können als normal und erfrischend genug angesehen werden.
Unausgeschlafene, übermüdete Personen bilden eine Gefährdung für sich selbst und sind eine Gefahr für alle anderen.

3. Du darfst in den letzten 24 Stunden keinen Alkohol getrunken haben.

Wer vor einer Sitzung Alkohol getrunken hat muss als Rat- und Hilfesuchender damit rechnen, dass seine einmal gewonnen Erkenntnisse nicht stabil bleiben. Sie versinken ganz schnell wieder ins Vergessen.
Als Spiritueller Helfer (wie Spiritueller Rückführer) bist Du durch den Alkohol wesentlich weniger aufmerksam. Dir entgehen ziemlich sicher etliche wichtige Anhaltspunkte die Dir von dem Dir Anvertrauten geliefert werden.
Du wirst, gelinde gesagt, zum wenig hilfreichen Faktor bei einer Maßnahme.

Denn: **Alkohol ist ein Nervengift**.
Du kannst das Gift allerdings, bei entsprechender Disziplin, innerhalb von zirka 24 Stunden weitgehend aus dem Körper ausscheiden.

4. Du darfst weder Drogen noch Medikamente eingenommen haben.

Hier gilt das Ähnliche wie beim Konsum von Alkohol, nur um einige Potenzen heftiger.

Die brauchbare Definition für Drogen ist: **Eine Droge ist jegliche innerlich genommene Substanz (auch per Rauch oder Einreibung), die benutzt wird, einen vorgeblich „verbesserten" Zustand zu erreichen beziehungsweise einen unerwünschten Zustand zu vermeiden.**

Auch alle Medikamente sind Drogen, eben medizinische. Diese können, kurzfristig und dann nur kurzzeitig eingesetzt, immerhin schnelle Hilfe bieten und sogar Leben retten.

Drogen beeinflussen allerdings auch die Fähigkeit zur Konzentration. Selbst, wenn sie erst aufputschen, so stumpfen sie doch bei längerer Einnahme und erhöhter Dosis ab und verringern die geistige Klarheit. Jeglicher Blocker, gegen Ängste, Schmerzen, ... oder zur Beruhigung, wirkt unter anderem auch auf das Geistige.

So ist beispielsweise das Mittel Aspirin, mit dem heftig wirkenden Inhaltsstoff Acetylsalicylsäure, ein sehr intensiver Geistblocker.

Solche Blocker unterdrücken, einmal genommen, zirka sieben Tage lang den Geist.
Dadurch werden die Krankheitsbilder unterdrückt. Die Erscheinung einer Krankheit tritt vermindert auf.
Sie wirken allerdings nur bei regelmäßiger Einnahme, mit immer stärkerer Dosis. Bis, ja bis … der Druck den Deckel sprengt!

Bedenke zudem: Chemische Bestandteile jeglicher Drogen lagern sich dauerhaft im Fettgewebe ab und reichern sich dort mehr und mehr an.
Zur Reinigung des Körpersystems müssen sie gezielt ausgeleitet werden.

Besonders chemisch erzeugte Drogen beeinflussen Dich auch dann noch, wenn sie längst abgesetzt wurden (flashback = „Blitz zurück").
Der Einfluss kommt plötzlich: Bei intensiver körperlicher Betätigung, wie beim Sport oder bei Sex, bei Diäten oder Stresszuständen oder dergleichen werden die Rückstände erneut in den Blutkreislauf gespült.

Beschreibung der Durchführung

Immer wieder werde ich gefragt: „Wie verläuft denn so eine Spirituelle Rückführung?". Also versuche ich hier kurz darzustellen, was die Grundvoraussetzungen sind, wie die Szenerie bei einer Sitzung aussieht, welche Technik angewandt wird und was <u>nach</u> einer Spirituellen Rückführung zu beachten ist beziehungsweise was geschehen kann.

Im Vorfeld ist es schon einmal wichtig, dass der rat- und hilfesuchende Interessent oder Freund selbst dafür sorgt, dass er oder sie sitzungsfähig ist. Wie für jegliche Art geistiger Arbeit ist diese Fähigkeit für die betreffende Person erforderlich, so auch für eine Spirituelle Rückführung.

Es sind folgende Hinweise zu beachtet:

➢ Ausreichend geschlafen haben

➢ Genug gegessen und getrunken haben

➢ 24 Stunden vorher keinen Alkohol getrunken haben

➢ Keine Schmerzmittel oder Drogen eingenommen haben.

Bei der regelmäßigen oder auch nur gelegentlichen Einnahme von Psychopharmaka beziehungsweise von Antidepressiva sowie bei der Überschneidung mit laufenden psychotherapeutischen Behandlungen ist eine Spirituelle Rückführung völlig ausgeschlossen.

Die Spirituellen Rückführungen werden ohne Hypnose durchgeführt.

Schließlich geht es darum, den wahrhaft bewussten Seinszustand im Hier und Jetzt herbeizuführen und ihn zu stabilisieren.

Zur Unterscheidung: Spirituelle Rückführungen sind keine meditative Rückschau oder eigenständige Rückbesinnung oder das so genannte Rebirthing.

Die technische Szenerie einer Sitzung hat ganz und gar nichts Geheimnisvolles. Sie sieht so aus:

Während der Maßnahme der Spirituellen Rückführungen sitzt oder liegt die Person dem Rückführer gegenüber, auf einem Stuhl oder in einem Sessel oder auf einer etwa halb aufgerichteten Liege.
Der Spirituelle Rückführer muss zumindest das Gesicht seines Gegenüber deutlich sehen können, um dessen offensichtlichen Gefühlsregungen und damit den Fortschritt der Maßnahme einschätzen zu können.

Dazwischen ist ein Tisch, auf dem Schreibutensilien abgelegt werden können. Dazu liegt oder steht eine Uhr auf dem Tisch. Sie dient der Kontrolle über den zeitlichen Verlauf.

Der Spirituelle Rückführer bedient sich für den Einstieg eines schriftlich fixierten Leitfadens der, als stabiles Datum, immer unverändert bleibt, um dem rat- und hilfesuchenden Freund Sicherheit über den Ablauf zu gewährleisten.

Erst die mit Absicht und nach gewissen Regeln praktizierte Führung, durch eine andere Person, bringt brauchbare Erfolge. Der Spirituelle Rückführer muss gut zuhören können, denn zumindest er weiß worum es dabei letztlich geht.
Er muss sich selbst aus dem Fall heraushalten und darf bei der Führung keine eigenen Probleme wälzen.

Die Art und Weise der kommunikativ geführten Spirituellen Rückführung erfolgt über ganz einfache, leicht nachvollziehbare Fragestellungen in der Du-Form:

„Was siehst Du?", „Kannst Du Farben erkennen?", „Was kannst Du spüren?", „Was kannst Du wahrnehmen?" oder dergleichen.

Die Du-Form wird gewählt, um dem ebenbürtigen Geistigen Wesen, das über das Menschwesen hinaus der Ansprechpartner ist, vertraut nahe sein zu können.

Jede Führung erfolgt immer mittels einer absichtsvoll, zielgerichteten Zwei-Wege-Kommunikation:

>Weg 1 ist hierbei das Aussenden einer Frage,
>   darauf erfolgt auf dem
>Weg 2 die Antwort (aussprechen lassen!).
>Erst dann darf sich eine weitere Frage anschließen,
>Weg 1.

Der Führende unterstützt und leitet Rat- und Hilfesuchende oder Interessenten bei allen Bemühungen und Vorgängen.

Mittels dieser Form der Spirituellen Rückführung werden spirituelle Pfade beschritten die sonst nicht oder zumindest nicht in dieser Art und Weise gangbar wären.

Dass bei dieser Gelegenheit verschiedene Krankheitsbilder oder entsprechende Krankheitserscheinungen verschwinden ist ein sinnvoller Nebeneffekt auf dem Wege zur Ganzwerdung, zur Transformation, zur Heilung.

Der Spirituelle Rückführer schreibt stichpunktartig was die Person äußert. Im Regelfall ist dies ausschließlich für ihn selbst.

Sowohl die Aufschreibungen als auch die Gesprächsinhalte und natürlich auch die übrigen Daten eines Rat- und Hilfesuchenden unterliegen selbstverständlich der absoluten Schweigepflicht.

Nach einer Spirituellen Rückführung kann es innerhalb von etwa drei Tagen zu folgenden Reaktionen kommen:

- ➤ Müdigkeit, ein Gefühl von Erschöpfung

- ➤ leichte körperliche Schmerzen oder Druckgefühle in einzelnen Körperbereichen

- ➤ Auftauchen von alten Bildern, Emotionen und Erinnerungen, möglicherweise auch in intensiveren Träumen.

All diese möglichen Beschwerden sind in der Regel nach dem Ablauf von drei Tagen abgeklungen.

Der Ratschlag für Rat- und Hilfesuchende:
Gönne Dir in dieser Zeit etwas mehr Ruhe. Dein Verstand sowie Dein Körper brauchen Erholung. Spirituelle Rückführungen können tatsächlich anstrengend sein, selbstverständlich auch für den Spirituellen Helfer.

Genieße gesunde Kost und Bewegung in frischer Luft. Vermeide möglichst negativen Stress und zu große Anstrengungen.

Nimm wahr, lasse zu, dass Emotionen und Bilder hochkommen. Lasse alles durchströmen und lasse es schließlich los. Dann wird sich ein Gefühl von innerer Ruhe und Kraft einstellen.

Manche Problemstellungen lassen sich bereits mit einer Spirituellen Rückführung vollständig beheben. Komplexere Probleme benötigen weitere Sitzungen.

> **„Die Tür zu neuen Möglichkeiten geht nur auf, wenn Du leicht dagegen drückst."**
>
> Will Rogers

Nochmals, für den Spirituellen Führer:
Ohne Wertungen, weder Bewertung noch Abwertung, wird die Person durch die früheren Geschehnisse geführt, die in irgendeiner Weise auf den aktuellen Ablauf des Lebens belastend wirken oder darauf Einfluss nehmen. Dabei kann es sich sowohl um Ereignisse aus dem derzeitigen, als auch aus früheren Leben handeln.

Die Spirituellen Rückführungen finden immer im Zyklus einer Sitzung statt:

> Dabei wird der **Beginn** deutlich angesagt.

> Der **Ablauf** dauert ohne zeitliche Begrenzung an, bis zu einem guten Punkt.

> Das **Ende** wird abermals klar und deutlich angesagt.

Jede Sitzung erfolgt immer in gleicher Art und Weise, einem stabil nachvollziehbaren Verlauf.

Nach der Sitzung wird die Person grundsätzlich zur Gegenwart geholt.

Spirituelle Rückführer kennen verschiedene Umstände der Geschehnisse der Vergangenheit, entweder aus eigener Erfahrung oder über das angeeignete Wissen, vermittelt durch ihre Freunde.

Spirituelle Rückführer können dadurch die Vorgänge im fiktiven Zeitablauf von TAO-Wesen und bei deren Umfeld einschätzen.

Spirituelle Rückführer analysieren die Zusammenhänge entsprechend und vermuten mit einiger Gewissheit den Bezug ihrer Wirkungsweise zur Gegenwart her.

Spirituelle Rückführer wissen Bescheid über Möglichkeiten, wie Wesenheiten auch aus schwierigen Situationen heraus geholt werden können.

Die Spirituelle Rückführung ist der direkte Weg zu persönlicher Freiheit im Hier und Jetzt.

Damit ist sie eine höchst wirkungsvolle Hilfe zur Selbstfindung sowie zur Selbsterkenntnis.

Die Person findet während der Spirituellen Rückführungen ihr Selbst, als die zentrale TAO-Seele, die alle Lebenszyklen steuert.

Die Person begibt sich als Suchender auf die Reise zum eigenen „Ich bin" und verbindet sich schließlich mit dem Ursprung, dem Göttlichen TAO.

Dies ist eines der letzten großen, spirituell erfahrbaren Abenteuer. Dabei bleibt die Reise zum höheren Selbst oder zu den höheren Selbst nicht nur auf den Planeten Erde beschränkt.

Entdecke die Schätze der Seele, des eigenen Selbst.

Die Führungen erfolgen in drei Etappen:

1. Verarbeitung und Lösung der aktuellen Probleme, bis zur Loslösung aus Problemstellungen.

2. Die Reise zum eigenen „Ich bin", zur Selbstfindung.

3. Das Finden des Kontaktes mit dem Göttlichen TAO, dem Göttlichen Ursprung

Jeder jeweils nächstfolgende Schritt, jeder Fortschritt wird von der Person selbst entschieden, gewollt, entsprechend kontrolliert und eigenverantwortlich voran gebracht.

Risiken einer Rückführung

Spirituelle Rückführungen in die Vergangenheit dieses Lebenszyklus sowie in frühere Leben hinein, ist <u>für einen gesunden Menschen</u> völlig risikolos.

Der eigenständig arbeitende Verstand eines rat- und hilfesuchenden Freundes offenbart nämlich immer nur so weit erträgbare Daten, wie er auch auf das gegenwärtige Dasein übertragen kann, ohne damit zusätzliche Probleme zu verursachen.

Er will einfach selbst wissen, wie verschüttete oder verdrängte Problematiken zu einer brauchbaren Lösung geführt werden können, um die gegenwärtigen Lebensumstände zu erleichtern.

Hier eine Auflistung für die Rat- und Hilfesuchenden:

Zum besseren Einschätzen ob Du bedenkenlos an einer Spirituellen Rückführung teilnehmen kannst, beachte bitte folgende, maßgebliche Voraussetzungen:

1. Du solltest das 18te Lebensjahr vollendet haben.

2. Sofern Du an Krankheiten, gleich welcher Art leidest, solltest Du Dich unbedingt zuerst an Deinen Arzt wenden.

3. Zu Deinem persönlichen Schutz darfst Du eine Spirituelle Rückführung nicht mitmachen, wenn Du unter schwerwiegenden Krankheiten von Nervensystem oder Gehirn leidest, wie: Schizophrenien oder Epilepsie.

4. Bei regelmäßiger Einnahme von Drogen oder Medikamenten zum Beispiel von Psychopharmaka, Antidepressiva etc. darfst Du an einer Spirituellen Rückführung nicht teilnehmen.

5. Du darfst an einer Spirituellen Rückführung auch dann nicht teilnehmen, wenn Du Dich bereits in einer psychotherapeutischen Behandlung (gleich welcher Art) befindest.

6. Bei Herzerkrankungen oder Schlaganfallsfolgen solltest Du unbedingt zuvor Deinen Arzt befragen.

7. Wie bei jeder geistigen Leistung darf 24 Stunden vor einer Spirituellen Rückführung kein Alkohol getrunken werden.

8. Du solltest auch nicht hungrig oder durstig in eine Spirituelle Rückführung gehen.

9. Du darfst zudem nicht übermüdet zur Spirituellen Rückführung kommen.

Wichtig ist noch und immer wieder:
Bei jeder wirklichen Spirituellen Rückführung handelt es sich um eine spirituelle Maßnahme zu Selbsterkenntnis, Selbsterfahrung sowie zur Selbstbestimmung.

Somit ist sie weder Diagnostik noch eine Therapie noch eine auf Heilung im medizinischen Sinne gerichtete Behandlung.

Auch wenn die Vergangenheit gezeigt hat, dass bei Spirituellen Rückführungen in vielen Fällen Selbstheilungskräfte aktiviert wurden und zur Auflösung von Blockaden oder zum allgemeinen besseren seelischen Wohlbefinden beigetragen haben, weise ich hier nochmals aus Gründen der Seriosität ausdrücklich darauf hin:

Niemand sollte mit der Erwartung auf körperliche oder psychosomatische Heilung zu einer Spirituellen Rückführung kommen oder an einer entsprechenden Spirituellen Maßnahme teilnehmen.

Deine Rolle als Spiritueller Rückführer

Zur Durchführung von Spirituellen Rückführungen bedarf es eines Rückführers, also einer zweiten Person die mittels der bereits beschriebenen Zwei-Wege-Kommunikation, ohne Wertung, weder Abwertung noch Bewertung, in der Lage ist absichtsvoll zu führen.

Der Spirituelle Rückführer greift verständnisvoll auf, mit welcher Problemstellung ein Suchender oder ein Interessent zu ihm kommt.
Er weiß aufgrund seiner Ausbildung oder von Erfahrungen mit ziemlicher Sicherheit wohin die Reise gehen soll oder gehen kann.

Der Spirituelle Rückführer startet eine Sitzung beispielsweise mit den Worten: „Start der Sitzung!", hält sie am Laufen und beendet diese ordnungsgemäß mit Worten wie: „Ende der Sitzung!"

Dieser abschließenden Worte sind wichtig damit der rat- und hilfesuchende Freund oder Interessent nicht unentwegt durch die Zeit geistert, sondern tatsächlich in der Gegenwart ankommt und letztlich hier bleibt. **Das Hier und Jetzt wird bestärkt.**

Die Regelung zur Mithilfe einer zweiten Person, gilt für eine gewisse Zeit, zu Beginn einer jeden Maßnahmenfolge.

Erst, wenn Personen einen höheren Grad an bewusstem Sein erreicht haben, können sie sich selbst auf die Reise zum Ursachepunkt von Problemstellungen begeben und dort aufräumen.
Doch auch dann sollten sie sich immer wieder den Weg zurück zur Gegenwart klar vor Augen halten. Es macht keinerlei Sinn andauernd nur in irgendeiner Vergangenheit zu wühlen.

Entscheidend ist immer die Stabilität des Hier und Jetzt zu wahren und auch zu verbessern.

Der Spirituelle Rückführer weiß: Die Menschheit befindet sich zur Zeit leider fast vollständig in einem Zustand von herabgesenkter Bewusstheit.

Deshalb sind alle Formen von Suggestion, auch Selbstsuggestion, bis hin zu Hypnose, hypnotischer Trance oder Drogentrance, völlig falsche Wegweisungen, wenn jemand auf der Suche nach Selbstfindung und bewusstem Sein im Hier und Jetzt ist.

Erst, wenn sich das Menschwesen per Spiritueller Rückführung ausreichend von den schwerwiegendsten Beeinträchtigungen befreit hat die seinen ach so analytischen Verstand beeinträchtigen, kann dieses Konstrukt auch eigenständig weiter bei sich aufräumen.

Dafür muss der Mensch aber erst selbst klar erkennen und es eindeutig wissen, dass er sich stabil im bewussten Sein befindet, im Hier und Jetzt.

Es ist die Verpflichtung eines jeden Spirituellen Rückführers, die von ihm einmal betreute Person ohne jede Betrachtung, ohne Bewertung und ohne Abwertung, ziehen zu lassen, wenn diese meint, sie könne von nun an selbst mit ihren Problemstellungen umgehen.

Dennoch muss es auch immer eine offene Türe geben, wenn sich dies als ein Trugschluss herausstellen sollte.

Spirituelle Rückführer sind ausschließlich religiös spirituelle Helfer auf dem Pfade zu Erkenntnissen und zu Wissen sowie zu Selbsterkenntnis, Selbstbestimmung und Selbstständigkeit, zu ständigem Selbst.

Spirituelle Rückführer sind keine Motivatoren und keine Coaches, die Stärke übertragen wollen oder sollen.

Ein Spiritueller Rückführer setzt von sich aus keine Ziele für den Freund.

Ein Spiritueller Rückführer „peitscht" auch niemanden durch irgendwelche Schwierigkeiten hindurch.

Spirituelle Rückführer verabreichen somit keinerlei motivatorische Schläge oder Tritte, auch wenn dies von manchen Rat- und Hilfesuchenden als wünschenswert angesehen werden sollte.

Ein Spiritueller Rückführer übernimmt damit keinerlei Mitverantwortung beim Fortleben der Menschwesen, die ihn in Anspruch nehmen.

Jeder Mensch soll, ja muss uneingeschränkt die Gelegenheit bekommen, selbstbestimmt durchs Leben zu gehen.

Spirituelle Rückführer sollten sich zudem auf keine langwierigen Diskussionen einlassen. Denn das einzige was wirklich Sinn macht ist, über alle Wortspiele hinaus, dass die Person kontinuierlich in ihrem eigenen Verstand aufräumt und dadurch Ordnung in ihrem Leben schafft.

Genau dafür gibt es diese Art der Spirituellen Rückführung, wie ich sie anwende und weiter vermittle.

Eine gewisse Anzahl dieser Spirituellen Rückführungen führt automatisch dahin, dass eine sinn- und zwecklose Diskutiererei irgendwann von selbst aufhört, weil sich ein völlig neues Wissenspotential eingestellt hat.
Denn ausschließlich über die Spirituellen Rückführungen erwirbt sich jedermann unumstößliche Erfahrungen, wenn man sich darauf einlässt.

Man erfährt eine sternenhohe Wissensgewissheit über das Erleben, sowohl von der Geistigkeit als auch von vielerlei Lebendigkeit, über lange, lange Zeiträume.

Wertvolle Grundsätze

Für die Durchführung von Spirituellen Rückführungen gelten einige wichtige Grundsätze, die ich hier schlagwortartig wiedergebe und versuche zu erläutern:

A) Du bist ein freies Geistiges Wesen, komme, bleib oder geh Deinen Weg.

B) Der einzige Weg hinaus ist der Weg hindurch.

C) Übe das Lassen - zulassen, weglassen, loslassen - das Lösen von ... .

Zur Aussage in **Punkt A)** gibt es eine ganze Menge anzumerken. Hier sei nur das Eine gesagt: Frei denkende und handelnde Geistige Wesen haben es in dem kulturellen Umfeld auf Planet Erde ausgesprochen schwer. Ich meine sogar, dass die wünschenswerte Freiheit hier nicht auf Dauer realisiert werden kann.

Wir werden ständig in den Konflikt verwickelt, uns fragen zu müssen: „Bin ich verrückt oder sind es die anderen?"
Ich kann versuchen Dich hier ein wenig zu beruhigen. Du findest die Antwort nämlich ganz klar und eindeutig: Achte einfach einmal darauf, wer wen für verrückt erklären will.

Denn schon Paracelsus wusste:

„Es sind diejenigen wahrlich verrückt, die andere für verrückt erklären!"

Dies hat ganz besonders etwas mit unserer geistig angelegten, suggestiven Einpflanzung zu tun, die wir von den Konstrukteuren unseres Gefängnisplaneten (dazu an anderer Stelle mehr) erhalten haben.

Um uns gegenseitig, jeder gegen jeden, klein und unbedeutend zu halten, erhielten wir einen, energetisch in unseren Verstand eingepflanzten, geistig wirkenden Befehl:

„Andere ins Unrecht setzen!!!"

Vielerlei Zwangsverpflichtungen, familiäre, gesellschaftliche und soziale Zwänge der verschiedensten Arten und Weisen, engen uns ein. Als Geistige Wesenheiten, TAO, haben wir tatsächlich schon seit langem damit übereingestimmt.

Doch, und das ist irgendwie tröstlich für mich, vielleicht auch für Dich, ohne diese einschränkenden Begrenzungen hätten wir alle kein halb so interessant gestaltetes Spielgeschehen.

Gerade weil nämlich deren Überwindung schwierig und riskant ist wird der Spielverlauf zu einer Herausforderung.

Die Spirituellen Rückführer sollten das irre machende Spielgeschehen nicht auch noch mit zusätzlichen Verpflichtungen versehen wollen.

Deshalb gilt der Grundsatz **A)** als befreiende Regel, um jedermann den Weg zu seinem eigenen Spirituellen Rückführer finden zu lassen und dennoch die Möglichkeit offen zu halten, den Weg auch alleine gehen zu dürfen oder einfach woanders hin zu gehen.

Ohne eine Wertung, weder Bewertung noch Abwertung, hat jeder Spirituelle Rückführer diese Wegweisung zu achten.

Bei **Punkt B)** kann sich jeder selbst ausmalen, dass es manchmal gar nicht so einfach ist, wenn es notwendigerweise darum geht, sich selbst aus dem Sumpf schwieriger Lebensumstände oder einfach aus alltäglichen Gewohnheiten einer ach so bequemen Umgebung zu erheben.

Sich wie Baron Münchhausen am eigenen Zopf aus einem saugend wirkenden Sumpf heraus zu ziehen, ist nun einmal nicht jedem gegeben.

Es gibt genügend Widrigkeiten und immer die dazu gehörenden Leute, die diese Schwierigkeiten aufrecht erhalten wollen.

Diese Leute fixieren eine Person dort, wo sie gerade jetzt hineingeraten ist.

Dabei handelt es sich zumeist um immer wieder die gleichen Wesenheit, aus der weiten Vergangenheit einer Person.

Es muss nicht einmal böser Wille im Spiel sein. Schuldgedanken sollten wir für die Spirituellen Rückführungen sowieso aus allen Überlegungen streichen.

Manchmal sind es einfach nur Absichten, letztlich gemeinsam gesponnen aus Ursache und Wirkung, zur Erhaltung eines karmisch genannten Netzwerkes.

Dass dabei im Laufe der Zeit auch Mord und Totschlag eine Rolle gespielt haben, sollte für uns, als Geistige TAO-Wesen, nicht wirklich von Belang sein.

Wichtig ist die klare Erkenntnis, im Verlaufe von Spirituellen Rückführungen, dass insbesondere die eigenen, zum Erhalt der engmaschigen Verbindungen im Netz eingebrachten, gegenseitigen Übereinstimmungen mit den Gegebenheiten des gemeinsamen Erlebens dazu führten, dass jemand sich im Spielgeschehen verstrickt hat und eingesponnen bleibt.

Und dies, obwohl es durchaus sinnvoll für seine Entwicklung als Geistiges Wesen wäre, jetzt endlich daraus heraus zu kommen.

Deshalb müssen die fremdbestimmten sowie die eigenen Absichten der rat- und hilfesuchenden Freunde erkannt und ohne falsche Rücksichtnahme aufgedeckt werden.

Die bislang daraus entstandenen, gegenwärtig und in der Zukunft hinderlichen Gegenabsichten müssen bewältigt werden.

Durch diese vorgeblich so mächtigen Gegenabsichten, sowohl bei sich selbst als auch von anderen, hindurch gehen zu müssen, das ist die strikte Forderung von Aussage **B)**, wenn es darum geht, einen Weg hinaus anzustreben.

Dieser wertvolle, herausfordernde Grundsatz gilt sowohl für körperlich sichtbare als auch für psychosomatisch erlebbare Krankheitsbilder und natürlich ebenso für Problemstellungen geistiger und sozialer Arten.

Es ist durchaus als normal anzuerkennen, wenn jemand auch **Punkt C)** nicht selbst bewältigen kann, ohne auf selbst gemachte Schwierigkeiten zu stoßen.

Hier spielt das eigene Dazutun, spielen eigene Wünsche und Willensakte eine ganz besondere Rolle. Wer lässt schon gerne lieb gewonnene Gewohnheiten, Dinge oder Menschen los?

Dies ist so auch gar nicht nötig! Hier geht es vielmehr um das Loslassen von Etwas, das sich nichtbewusst an uns geheftet hat oder das wir bewusst oder nichtbewusst an uns gekettet haben.

Doch bei der Weiterentwicklung, hin zu einem zumindest relativ freien Geistigen Wesen, ist es eben notwendig sich aus dem alten, karmisch zu nennenden Netz zu lösen.

So wie jedes Problem einer Lösung bedarf, so auch die Problemstellungen der Vergangenheit, die für die Gegenwart bestimmend wurden.

Neue Denk- und Handlungsweisen sind plötzlich für das Leben, das Erleben und das Überleben, der Person wichtiger als die althergebrachten.

Die teilweise überaus außergewöhnlichen Erkenntnisse aus den Spirituellen Rückführungen fordern geradezu Veränderungen heraus.

Oder aber, was eher der Fall ist, längst als richtig erkannte Vorgehensweisen bekommen durch die Erlebnisse, während der spirituellen Reisen durch die Zeit, entsprechende Bestätigung und Anschub.

Auch hierbei treten dann jede Menge Reibungspunkte sowie Gegenabsichten auf den Plan. Damit muss von vorne herein gerechnet werden.

Schließlich will das Umfeld einer Person nicht wirklich deren Veränderung. Selbst bei durchaus positiven Veränderungen gibt es immer noch Leute die einfach auf den Status quo, den bestehenden Zustand, bestehen.

Zu Nichtrauchern gewordene, ehemalige Raucher können ein Lied davon singen, wenn sie mit den alten Kumpanen zusammentreffen.

Im Üben des Lassens gewinnt eine Person immer mehr geistigen Freiraum für Wichtigeres, für Wesentlicheres, dem freien Geistigen Wesen Angemesseneres.

Als (Heraus-)Forderung gilt hierbei:

Mensch werde Wesentlich!

Dabei ist es noch nicht einmal notwendig tatsächlich zu-, weg- oder loszulassen.

Allein schon die Vorstellung dies zu können und ein Gefühl dafür zu bekommen, wie es wäre wenn ..., führt Geistige TAO-Wesen auf ein ganz anderes Niveau des Seins, weiter weg vom Materiellen.

Deshalb ist es wirklich wichtig, möglichst vielen Wesen den eigenen Selbstwert spürbar zukommen zu lassen, ihnen liebevoll zu helfen, damit sie von sich aus dem brutal abwärts ziehenden Sumpf der rundherum wirkenden Betrachtungsformen entkommen können.

Bewertungen und Abwertungen, als fortwährende, klein machende Unterdrückungen, müssen bewältigt werden.

Die Schweigepflicht ist hierfür eine wichtige Voraussetzung.

Die Schweigepflicht dient dem Schutz der Privat- und Geheimnissphäre von rat- und hilfesuchenden Freunden.
Die Schweigepflicht beruht auf den gängigen strafrechtlichen, arbeitsrechtlichen und datenschutzrechtlichen Rechtsnormen.

Sobald Du Dich vertrauensvoll an mich, Deinen Spirituellen Helfer und/oder Ganzheitlichen Seelsorger, wendest, bedeutet das für mich unmittelbar: Ich bin grundsätzlich gegenüber jedwedem Dritten zur Verschwiegenheit über die mir in Ausübung meiner Tätigkeit anvertrauten oder bekannt gewordenen Geheimnisse verpflichtet.

Dazu gehören neben persönlichen Daten, wie: Dein Name und Dein Wohnort sowie Verbindungsdaten, die etwaige, selbstbestimmte Religionszugehörigkeit, eventuelle Krankheitsgeschichten oder Vermögensverhältnisse, auch sonstige private oder berufliche Verhältnisse.

Die Schweigepflicht geht über die bloße Pflicht zu schweigen hinaus, indem sie gebietet, schon die Erhebung und Speicherung von Daten auf das Notwendigste zu beschränken und schriftlich oder elektronisch gespeicherte Daten so sicher aufzubewahren, dass sich Unbefugte keinen Zugang verschaffen können.

**"Man lernt Verschwiegenheit
am meisten unter Menschen, die keine haben
und Plauderhaftigkeit unter Verschwiegenen."**

Jean Paul, Philosoph (1763 - 1825)

***"Darum Vorsicht!*
Nichts teilen wir so gern an andere mit,
als das Siegel der Verschwiegenheit,
samt dem, was darunter ist."**

Friedrich Nietzsche, Philosoph (1844 -1900)

Einstimmung

Vorbereitung
für alle Spirituellen Helfer

Um in einen entspannten Zustand zu gelangen, kannst Du entweder Deine eigene Übungsform anwenden, wie Yoga, Tai Chi oder dergleichen, oder Du nutzt dieses eigens von mir entwickelte Schwingungstraining, zur Freisetzung und Verstärkung von Lebensenergie, Chi oder Prana oder Orgon genannt:

Scutilon

(aus dem Althochdeutschen: Heftig bewegen oder schütteln)
Mit der Übung Scutilon schüttelst Du Deinen Körper vollständig durch. Es ist ein Schütteln „wie von selbst", ohne Anstrengung. Lass die Bewegung einfach geschehen.

Dein Stand ist, wie bei Yoga oder Tai Chi, entspannt und ohne jede Anstrengung. Die Arme hängen locker herab. Beide Füsse stehen hüftbreit und parallel, die Knie sollen leicht gebeugt sein.
Stehe aufrecht, die Wirbelsäule gerade, den Kopf locker „am Himmel befestigt".

Du schüttelst von den Fingerspitzen, über die Schultern, den Kopf und den Brustkorb bis zu den Beinen und zurück.

So funktioniert die Übung:

Gehe nach und nach durch Deinen Körper.

   01) Bewege erst alle Deine Finger. Krümme sie ein paarmal, strecke sie dann und lasse sie sich bewegen, wie von selbst.

02) Lasse diese Schüttelbewegung dann auf Deine Hände übergehen.
Auch sie bewegen sich schon bald wie von selbst.

03) Sodann schüttelst Du auch gleich Deine Unterarme bis zum Ellenbogen mit.

04) Schüttele danach auch Deine Arme bis zu den Schultern.

05) Lockere jetzt die Halsmuskulatur durch leichte Drehwegungen.
Keine zu heftigen Bewegungen.
Schone die Hals-Wirbelsäule.

06) Schüttle jetzt den Kopf, wie bei einer sehr heftigen Verneinung.
Öffne dabei nun auch den Mund und lockere den Unterkiefer. Sodann strecke die Zunge heraus und schüttele sie mit.

07) Lass jetzt die Arme locker hängen und schüttele Deine Schultern durch.

08) Gib dem Schütteln im Brust und Rückenbereich Bewegungsfreiheit.

09) Danach schüttele Deinen Hüftbereich kräftig.
Lass die Hüften locker kreisen.

10) Während Du mit beiden Beinen noch fest auf dem Boden stehst, schüttele Deine Oberschenkel und danach die Unterschenkel mit.

11) Nun hebe erst das rechte Bein. Schüttle und spüre das Schütteln sowohl zum lockeren Fuß, als auch zur Hüfte hinauf.

Konzentriere Dich zudem auf Dein Gleichgewicht.

12) Hebe nun das linke Bein. Schüttele es auf die gleiche Art und Weise.

Jetzt kannst Du kurze Zeit Nachspüren.

Du wirst vermutlich erspüren, wie sich ein Kribbeln in Deinem Körper ausbreitet. Die Lebensenergie fließt und belebt Dich. Lass es geschehen und langsam vergehen.

Halte diese entspannte Stellung etwa drei Minuten lang.

Du kannst die Übung entweder vorerst beenden oder aber Du schüttelst Deinen ganzen Körper nochmals rückwärts gerichtet durch, bis Du bei den Fingern den Schluss findest.

Spüre am Ende immer erst nochmals kurz nach.

Stehe ruhig noch eine Zeit auf Deinem Platz und lasse die in Bewegung gesetzten Energien ausklingen.

**„Körperliche und geistige Übungen
sollen sich gegenseitig zur Erholung dienen."**

Jean-Jacques Rousseau

Weitergehende Übungen

Die Spirituellen Helfer setzen das eigene Üben im Ablauf des täglichen Erlebens fort.

Es dient der Befähigung für Spirituelle Rückführungen sowie für jegliche andere spirituelle Maßnahme.

**Usus est magister optimus
„Übung ist der beste Lehrmeister"**

Lateinisches Sprichwort

Nun folgt das **Beobachten des Offensichtlichen**. Im Englischen "observing the obvious" oder **Obnosis**. Obnosis ist lern- und übbar.

Es ist eine sehr wichtige Übungsform zum klaren Wahrnehmen der Dinge in all ihren Facetten sowie der Menschen als Wesenheiten, mit ihren Äußerungen und Ausdrucksformen im Hier und Jetzt.

Mittels Obnosis wird weitgehend objektiv gesehen, wie die Dinge und Personen um uns herum wirklich sind.

Bekrittelnde Bewertungen und absichtlich ins Negative gezogene Abwertungen sowie jegliche subjektive Betrachtungsweise ändern das Offensichtliche ab.

Ein Beispiel:

Im Park begegnet uns eine Person mit Piercings und Tatoos. Der erste Eindruck könnte einen Gedanken der Ablehnung oder ein Nasenrümpfen hervorrufen. Doch wie ist dieser Mensch wirklich?

Als nächstes sehen wir, wie er sich liebevoll um seinen Hund kümmert. Dann hebt er auch noch eine weggeworfene Bierdose auf und wirft sie ordnungsgemäß in den Papierkorb. Was geschieht bei uns?

Unsere Wahrnehmung verändert sich. Der Mensch wird uns sympathischer. Als wir dann noch auf der Haut des anderen ein Herz sehen und einen netten Spruch lesen … .
Unsere Weltsicht gerät ins wanken, zumindest gegenüber dieser Person.

So gerät die Objektivität immer wieder einmal in die Mühlen derer, die uns mit voller Absicht zu verwirren trachten.
Es gibt nichts 100-prozentig Objektives mehr. Es ist immer nur weitgehende Annäherung, behaftet mit Fragmenten von Meinungen. Und Meinungen sind wandelbar wie die Wettervorhersagen.

Außerdem nutzen Meinungsmacher unsere Anfälligkeit für die Übernahme von Meinungen, um ihre eigene Werbung oder Propaganda unter das Volk zu streuen. Wie eine Viruserkrankung befallen solche Infiltrationen die Menschen.
Die besten Beispiele bieten Diktatoren oder diktatorisch geführte Institutionen wie bürokratische Ämter und Behörden. Hier gilt nur noch das Wort des Führers beziehungsweise die Aufschreibungen der Gesetzestexte. Die Menschlichkeit bleibt bei solchen Einrichtungen weitgehend auf der Strecke.
Es gibt keine Toleranz mehr, weil von oben herab alles gleichgeschaltet wird.
So bedarf es bei den Diktatoren entweder eines Sturzes des Machthabers oder dessen Ableben.
Die gesetzlichen Bürokratismen werden hingegen lediglich abgeändert oder ausgewechselt, wenn die Vorschriften nicht mehr greifen, weil sie von den Bürgern nicht mehr akzeptiert werden.
Aufmüpfige Leute werden von den diktatorischen Machthabern oder Strukturen ganz einfach kriminalisiert. Durch diese Unterdrückung gegenläufiger Meinungen geraten Menschen dann in Konflikte mit dem System, der Gesellschaft und womöglich mit sich selbst.
Die klein machende Vorgehensweise bedient sich der allgemeinen Einpflanzung: „Andere ins Unrecht setzen!"

Doch nicht jede Verbreitung von Meinung hat etwas Negatives an sich. Schließlich habe wir alle auch unsere eigene Meinung.

Diese Meinungen möchten wir natürlich gerne mitteilen. Daraus erwächst nämlich die Kommunikation untereinander. Deshalb sollten Äußerungen niemals einfach abgeurteilt werden, sondern im Gegenteil, Meinungsäußerungen zu hinterfragen beflügelt das kommunikative Miteinander.

Erst im Austausch von Gedanken und Vorstellungen gelingt der liebevolle Umgang im Zueinander. Denn nur bei beginnender Zuneigung, im wahrsten Sinne des Wortes, haben Menschen die Chance, ihre Missverständnisse zu bereinigen. Nur dann können rein subjektive Wahrnehmungen sich einer objektiven Betrachtungsweise annähern.

Denn oft genug werden wir zum Opfer unserer eigenen Betrachtungen und Anschauungen. Was ist wahr und wo beginnt der Irrweg? Was beeinflusst unser Leben? Aus welchem tiefer liegenden Bewusstseinsgrad heraus schauen wir auf die Dinge und auf unsere Mitmenschen?

Aus verschiedenen Blickwinkel betrachtet sehen sowohl die Dinge als auch die Menschen immer irgendwie anders aus.

Polizisten und Kriminalbeamte können ein leidvolles Lied davon singen. Wenn sie bei der Vernehmung von Zeugen plötzlich völlig unterschiedliche Aussagen erhalten, fällt es nicht leicht den Sachverhalt objektiv zu bewerten.

Ist nun das Fahrzeug blau oder grün oder etwa grau gewesen? Hat sich der Fußgänger auf das Auto zubewegt oder ist das Auto einfach zu schnell gewesen?

Sind die Zeugen etwa farbenblind? Mit welchem Vorurteil begegnet ein Zeuge dem Vorfall? Auch kann das Geschehen bei der Vernehmung zu Irritationen führen.

Lasst viele verschiedene Maler ein Modell im Mittelpunkt zeichnen oder malen. Jeder wird etwas ganz anderes hervorbringen.

Einfach entsprechend seinem Können oder weil er einen anderen Stil bevorzugt oder weil der eine das Modell von vorne und der andere von der Seite sieht, verändern sich die Wahrnehmungen.

Damit unterliegt die so genannte Objektivität unseren eingeschränkten Sinnen zum Wahrnehmen der Außenwelt.

Sowohl die Realität des physikalischen Universum als auch die Wirklichkeit eines jeden geistigen Kosmos kann für verschiedene Betrachter ganz unterschiedlich sein.

Deshalb wird manchmal empfohlen mehr mit dem Herzen zu schauen oder dem Bauch zuzuhören als dem gestörten Gehirn zu glauben.

Diese Betrachtungsweise kann ich erst einmal nicht ganz nachvollziehen, zumal gerade das Gehirn mit seinem ausgeklügelten Nervensystem weit näher an der Gegenwart agiert, als die wesentlich älteren Teile des Körpers, das Herz und der Bauch.

Nach den neuesten Erkenntnissen von Wissenschaftlern werden denen allerdings tatsächlich ebenso Denkvorgänge zugeordneten.

Der Denkmechanismus des Gehirns hat sowieso nicht die allein seligmachende Erkenntnis inne.
Der Automatismus des geteilten Gehirns unterliegt nämlich der Einflussnahme eines Reiz-Reflex-Reaktionsmechanismus, der etliche alte Einflüsse in die Gegenwart überträgt.
Der Mechanismus kann beispielsweise nicht unterscheiden, was eine bereits überwundene Gefahr für das gegenwärtige Überleben bedeutet. Er müsste nämlich aufgrund der mittlerweile vergangenen Zeit keine übermäßige Angstreaktion mehr auslösen.
Auch deshalb nicht, weil das Hirn, die dem Körpersystem zuzurechnende graue Masse, sehr eng mit dem energetischen Verstand in Verbindung steht.

Unser menschlicher Verstand, dieses ausschließlich energetische Konstrukt, ist speziell mit den analytischen Denkvorgängen beschäftigt. Das Erfinden von Problemstellungen und dessen Lösung sowie das Aufnehmen von Datenmaterial und dessen Speicherung sind die überaus wichtigen Aufgaben mit denen unser Verstand seit seiner „Installation" betraut ist.

Er unterliegt aber leider seit langer Zeit der Einflussnahme von Mächten, die uns Menschen nicht wirklich wohlgesonnen sind.

Geistige Einpflanzungen und Täuschungen, Verluste, die mehr oder weniger als dramatisch empfunden werden, sowie uralte Ereignisse mit schwerwiegenden Dramatisationen behindern das Finden von effektiven Lösungswegen, heraus aus den einmal aufgestellten Problemstellungen.

So macht es in einigen Fällen tatsächlich Sinn, das Herz oder den Bauch wieder ihr uraltes Wissen preisgeben zu lassen.
Deren unvoreingenommene Beurteilung einer Fragestellung oder einer Situation kann somit wahrhaftig dem Leben dienlich sein.

Die Frage ist nur: Wie objektiv ist ein dauerhaft im Inneren befindliches Organ, wenn es darum geht, über die Umgebung des Körpers ein Urteil abzugeben?
Deshalb spielen hierbei die Gefühlsregungen eine weitaus größere Rolle, als ein irgendwie gearteter Denkvorgang.

Allerdings kann ich in diesem Zusammenhang dem wahrnehmenden Erfühlen eine Lanze brechen, ihm eine nicht unbedeutende Rolle zuordnen.
Bei etlichen Spirituellen Rückführungen habe ich nämlich erfahren dürfen, dass gerade das Fühlende, das Hineinspüren in eine Situation, eine Sitzung wesentlich voranbringen konnte.
Immerhin brachte ich in Erfahrung, dass so manches Geschehnis einen Speicherplatz im Körperlichen innehat. Sowohl das Energiefeld als auch die DNA tragen tatsächlich wichtige Informationen aus der näheren oder weiteren Vergangenheit.

Zur Stabilisierung der Persönlichkeit gibt es noch andere, weiterführende Übungen. Sie reichen über die Anwendung des objektiven Beobachtens hinaus.
Es geht immer wieder darum, sich selbst, als das Geistige TAO-Wesen, im Leben zu verankern, hier einen sicheren Hafen oder Ankerplatz zu finden.

Bequemes Konfrontieren:

Was bedeutet hierbei Konfrontation? Ganz sicher gehen wir nicht aufeinander oder auf die Umgebung los. Ganz sicher wäre dies auch keineswegs bequem. Nein!

Konfrontation, wie ich sie hier verstehe, ist einfach ein ruhiges Gegenübersein zur Umgebung oder zu einer Person. In Ruhe sein und in Ruhe bleiben, egal was geschieht!

Die Übung sieht folgendermaßen aus: Übende sitzen alleine, aufrecht auf einem einfachen Stuhl. Erst wird die Übung mit geschlossenen und dann mit offenen Augen durchgeführt.

Das bequeme Wahrnehmen und Anschauen der jeweiligen Umgebung erleichtert die Konfrontation von Emotionen, Bildern und Geschehnissen.

Diese Übung gestaltet sich wie eine Art Meditation für das Dasein im Hier und Jetzt. Es entlastet das Leben energetisch, das Erleben sowie das Überleben.

Personen werden in diesem Zustand von den Belastungen des Alltages befreit, die sich als noch nicht verarbeitete Geschehnisse, aus den Erinnerungen heraus, der Entspannung in den Weg stellen.

Diese Art der Konfrontation kann auch mit einer zweiten Person geübt werden, die einfach in aller Ruhe gegenüber sitzt.

Mentale Konfrontation:

Dies geschieht in ähnlicher Art und Weise, aber geführt im Rahmen eines Trainingskurses für gewaltfreie, Mentale Kommunikation.

Auch diese Übung funktioniert so ähnlich wie die vorangegangene. Jemand setzt sich hierzu einer anderen Person gegenüber.

Erst mit geschlossenen dann später mit offenen Augen wird wiederum bequem konfrontiert.

Es werden vom führenden Trainer leicht verständliche Aussagen für den Start und das Ende einer Übung getroffen.

Bei diesen Übungen können, genau wie bei anderen Maßnahmen, diesmal im Gegenüber, Bilder und Gesichter der Vergangenheit „lebendig" werden.

Es kommt nicht selten vor, dass Personen regelrecht mit Energien um sich herum und gegen den Anderen schleudern.

Auch energetischen Vampirismus habe ich schon beobachtet. Dabei entziehen Leute ihrem Gegenüber oder all den Menschen in ihrer Umgebung regelrecht anteilige Lebensenergie.

In einem solchen Umfeld, mit diesen „Vampiren", verlieren Menschen ihre Kraft, sie werden müde, abgespannt und antriebslos.

Die so Geschädigten beginnen nun auf ihre Art ebenfalls Energie zu ziehen.

Manchmal weichen sie allerdings dem Drang aus, andere zu schädigen. Sie versuchen dann ihre benötigte Lebensenergie aus Mineralen, Pflanzen, Wasser oder der Natur im Allgemeinen zu gewinnen.

Bewusstes sowie nichtbewusstes, gegenseitiges Kleinmachen bis hin zu einem offensichtlichen Bekämpfen verhindern ein dauerhaft friedvolles Miteinander.

Alle Menschen sind nämlich, in ihrem derzeitig relativ bewusstlosen Zustand, regelrecht darauf programmiert ständig abwehrbereit zu sein, anzugreifen, zu flüchten oder sich tot zu stellen.

Dies erfolgt wiederum weitgehend nichtbewusst, aus ihrem vorwiegend vom Gehirn gesteuerten, automatischen Überlebensmodus heraus oder durch den Reiz-Reflex-Reaktionsmechanismus.

Dadurch versuchen sie andauernd der mehr oder weniger heftig bis sogar brutal entgegengebrachten, ständig vorhandenen Energie anderer zu begegnen oder ihr auszuweichen.

Dieses wenig brauchbare Spielgeschehen, der nichtbewusst wirkenden Energien, wird im Laufe der Übungen, speziell derer zur mentalen Konfrontation, sowie während Spiritueller Rückführungen bewusst gemacht.

Mit zunehmendem Wissen und dem erhöhten Bewusstsein darüber, hört die gewollte gegenseitige Unterdrückung erst zeitweilig und schließlich ganz auf.

Erst sobald die lieben Leute, die Übenden, sich einfach nur dauerhaft bequem gegenüber sitzen können, ist das Ziel dieser Übungen erreicht.

Sogar im Laufe der Konfrontationsübungen werden Problemstellungen (persönlicher, zwischenmenschlicher sowie sozialer Natur) erleichtert.

Das „Positive Denken" bekommt damit eine völlig neue Qualität. Es mündet in einem positiven Handeln und mit der Zeit im positiven Sein der TAO-Seele.

Das Endphänomen all der Übungen sowie von jeglicher Spirituellen Rückführung heißt immer:

Bewusstes Sein im Hier und Jetzt.

Jedermann sollte an jedem Ort, zu jeder Zeit dafür sorgen, dass er oder sie wirklich ankommt.

Sorge für beständiges Hier und Jetzt.

Übernahme ethischer Richtlinien

Ich schließe mich bei jeder meiner Spirituellen Rückführungen den ethischen Richtlinien im Kodex des "Internationalen Verbandes Spiritueller Rückführer" an.

In diesem wertvollen Kodex wird nicht zwischen körperlicher, geistiger und seelischer Gesundheit unterschieden, da dies bei allumfassender Betrachtung nicht erforderlich ist.

Nach Auffassung des "Internationalen Verbandes Spiritueller Rückführer" bilden Körper, Geist und Seele bis zum Tode eine Einheit. Erst danach findet die Trennung von Körper und Geist (Verstand) sowie der Seele statt.

Mit diesem Verhaltenskodex soll sichergestellt werden, dass die rat- und hilfesuchenden Menschen nicht an „Scharlatane" geraten, die unter der Vortäuschung von Kenntnissen gesundheitlichen sowie seelischen Schaden anrichten. Dieser Kodex ist sowohl für alle aktiven als auch für die passiven Mitglieder des "Internationalen Verbandes Spiritueller Rückführer" verbindlich.

Im Rahmen der unantastbaren Würde eines jeden Menschen erkenne ich folgende ethische Richtlinien an:

1) Der Spirituelle Rückführer ist sich seiner Verantwortung gegenüber dem Rat- und Hilfesuchenden bewusst. Er wird ihn stets so behandeln, wie er es selbst wünscht, behandelt zu werden.

2) Die uneingeschränkte Willensfreiheit bleibt unantastbar. Dies ist gültig für den Beginn sowie für die Fortsetzung von Sitzungen.

Es ist immer die freie Entscheidung des Rat- und Hilfesuchenden, Sitzungen abbrechen oder aber fortsetzen zu wollen.

Die Rat- und Hilfesuchenden dürfen hier weder getäuscht noch manipuliert oder anderweitig beeinflusst werden.

3) Der Spirituelle Rückführer wird gegenüber seinem Rat- und Hilfesuchenden niemals Diagnosen stellen oder Versprechen auf Heilung abgeben oder in Aussicht stellen oder Aussagen treffen die als solche interpretiert werden könnten.

4) Während der konzentrieren Arbeit mit seinen Rat- und Hilfesuchenden steht für den Spirituellen Rückführer das Bemühen um Geduld, die Einfühlsamkeit und die Anteilnahme im Mittelpunkt.

5) Der Spirituelle Rückführer verhält sich stets angemessen und ohne jegliche Zudringlichkeit, insbesondere ohne irgendwelche sexuelle Belästigung der Rat- und Hilfesuchenden.

6) Der Rat- und Hilfesuchende muss vor dem Beginn einer Sitzung über deren voraussichtlichen Ablauf, die mögliche Dauer sowie über das anfallende Honorar in Kenntnis gesetzt werden.

Es soll nur die für die Sitzung aufgewendete Zeit abgerechnet werden. Dabei sollte der Höchstbetrag von 80,00 € pro 60 Minuten in der Regel nicht überschritten werden. Der Spirituelle Rückführer darf nur Tätigkeiten abrechnen, die in der physischen Gegenwart des Rat- und Hilfesuchenden erfolgen. Hierzu gehören demnach keinesfalls Fernheilungen, gleich welcher Art und Weise.

7) Der Spirituelle Rückführer bemüht sich um gute Beziehungen zu allen Menschen, die in Berufen tätig sind, bei denen das menschliche Wohlbefinden im Vordergrund steht.

Der Spirituelle Rückführer erkennt damit an, nahe stehende Berufsgruppen nicht zu verunglimpfen.

8) Sofern der Spirituelle Rückführer selbst nicht den entsprechenden, für die Heilung zuständigen Berufsständen angehört, erkennt er freimütig an, weder zu diagnostizieren, noch zu therapieren oder eine sonstige Heilkunde im gesetzlich definierten Sinne auszuüben oder diese in Aussicht zu stellen.

Der Spirituelle Rückführer ist in diesem Falle verpflichtet, darauf hinzuweisen, dass eine medizinische Betreuung in die Hände eines sach- und fachkundigen Arztes oder eines Heilpraktikers gehört.

Eine psychologische Therapie gehört entsprechend in die Hände eines Diplom-Psychologen.

Der Spirituelle Rückführer darf auch nicht den Eindruck erwecken, als könne er Krankheiten zuverlässig und präzise erkennen.

9) Eigenwerbung hat mit der gebotenen Zurückhaltung zu erfolgen und sollte in erster Linie der Information von Rat- und Hilfesuchenden dienen. Werbung darf weder Erfolgsversprechen, Verunglimpfungen anderer Methoden, Hinweise auf Dankschreiben, Auszeichnungen noch irreführende Aussagen beinhalten.

10) Jeder Spirituelle Rückführer unterliegt der absoluten Schweigepflicht. Er behandelt alle, seitens des Rat- und Hilfesuchenden anvertrauten, persönlichen Informationen streng vertraulich.

Ausgeschlossen hiervon ist die Berechtigung zur anonymen (ohne Angabe von Personalien) Informationsweitergabe im Rahmen des Informationsaustausches mit Kollegen, beispielsweise mit den Spirituellen Rückführern speziell aus dem "Internationalen Verband Spiritueller Rückführer".

11) In dem Rahmen der Schweigepflicht erklärt sich der Spirituelle Rückführer bereit, der übergeordneten Ethikkommission des "Internationalen Verbandes Spiritueller Rückführer" Details seiner Tätigkeit offen zu legen, falls hierdurch die Einhaltung des Kodex überprüft werden soll.

12) Sofern einem Spirituellen Rückführer etwaige Verstöße gegen die ethischen Richtlinien, den Verhaltenskodex des "Internationalen Verbandes Spiritueller Rückführer", bekannt werden, hat er zuerst den Verursacher in angemessener Form darauf hinzuweisen.

Im Sinne eines vernunftbegabten, ethischen Umganges mit seinen Mitmenschen hat sich diese „Goldene Regel", auch als „Hexenkodex" bekannt geworden, letztlich dann als Volksweisheit etabliert:

**„Was Du nicht willst, das man Dir tu',
das füg auch keinem andern zu."**

Druiden des TAO

Was ich nun nahe bringen möchte klingt wie Science Fiktion. Denn es hat seinen Ursprung auch nicht auf dem Planeten den wir Erde nennen.

Die Druiden des TAO finden sich allerdings auch hier in einer Gemeinschaft zusammen, die sich nennt:

„FREIER ORDEN FREIER WESEN"

Ihre Wurzeln hat die Gemeinschaft in Atalant. Sie existierte sowohl auf dem irdischen Atlantis, was soviel heißt wie „Klein-Atalant", als auch im Planetensystem Atalant das in den Tiefen des Weltall, in unserer Milchstraße, existiert.

Ehemals waren die Druiden des TAO eine atalantische Ordensgemeinschaft. In Atalant bildete der Orden eine übergreifend stabilisierende Gruppierung, für die dortige Gesellschaft und Kultur.
Die Druiden des TAO waren Wissende auf allen Gebieten. Da sie telepathisch untereinander in Verbindung stehen konnten und sich so austauschten, stand ihnen der gesamte Wissensschatz aller Ordensbrüder und -schwestern zur Verfügung.

Als universell Wissende bewahrten sie das Wissen sowie die Fähigkeiten und Fertigkeiten auch aus voratalantischer Zeit.
Dies wurde jedoch von den uralten, noch relativ unverfälschten Geistwesen nur an auserwählte Geister weitergegeben.
Zumeist waren die Druiden des TAO die Wiedergeborenen oder Nachkommen aus sehr alten Druidenfamilien. Dies galt auch für die irdischen Druiden.
Nach der großen Katastrophe, mit dem vollständigen Untergang des Kontinents Atlantis, gab es nur noch sehr wenige Menschen auf der Erde. Das Geschehnis betraf nämlich den gesamten Planeten. Es geschah vor etwa 13.000 Jahren.

Einige Überlebende waren ausgewanderte Bewohner des Inselkontinents, die sich glücklicherweise in weniger betroffenen Regionen befanden.

Die so verbliebenen „alten Weisen" förderten das Überleben der Reste der Menschheit. Sie führten die Menschen wieder auf den Weg zu Kulturen.

Diese Atlantis-Druiden waren überall auf dem Planeten tätig. Sie vermittelten gezielt ihr Wissen sowie dessen Anwendung an Schamanen, Medizinmänner, nichtatlantisch menschliche Druiden und andere Auserwählte. So wurden auch völlig andere Menschwesen, nun ordensfremde, in die unschätzbaren Weisheiten des Ordens eingeweiht.

Die Druiden des TAO schufen weltweit ein regelrechtes Netzwerk mit den derart gebildeten Menschen.

Das Ziel war:

Die menschlichen Erdenbewohner sollten sich geistig weiterentwickeln und eigenständige Zivilisationen schaffen. Den Druiden des TAO war, nicht ganz uneigennützig, daran gelegen, besonders das geistige Niveau des gesamten Planeten anzuheben.

Das Wissen, das sie mit Eifer weitertrugen und vermittelten erstreckte sich von Rechtskunde, Medizin und Heilkunde, Alchimie (philosophisches System) sowie Alchemie und Physik bis zu Kartenkunde und Astronomie.

Ihre menschlichen Nachfolger mussten sich erst ein tiefgreifendes, nützliches Grundwissen aneignen. Darüber hinaus konnten sie sich spezialisieren.

Man bezeichnete die Druiden des TAO als Magier oder Zauberer aber auch als Heil- und Rechtskundige, die anscheinend noch einen direkten Draht zu den Göttern hatten, wie man ihnen nachsagte.

Sie selbst sahen sich ganz einfach als hilfreiche Berater und Ausbilder der Menschen.

Auch die wiedergeborenen Alten verloren im Laufe der Zeit ihre überragenden Fähigkeiten.

Zumal sie bei der Reinkarnation in Körper von Menschen schlüpften mussten. Deren Gehirne waren nur schwach auf Telepathie, Telekinese und andere geistige Fähigkeiten ausgerichtet.

So gibt es heute nur noch ganz selten jemanden, der an den ursprünglichen Glanz des Ordens, der Druiden des TAO, anknüpfen kann. Überwiegend sind wir "ganz normale Menschen" geworden.

Mit diesen Aufschreibungen möchte ich nicht einfach nur die Erinnerung an unsere Werte aufrecht erhalten.

Vielleicht lässt sich auch ein wenig von unseren Prinzipien wiederbeleben. Die Mitglieder des Ordens der Druiden des TAO haben der Menschheit nämlich noch immer sehr viel zu geben.

So mischen sich Druiden des TAO immer dann ein, wenn Unterdrückung droht oder herrscht und, wenn Menschen in Not sind.

Jegliche Organisation, so auch ein staatliches System, braucht solche Freigeister die offen ihre Meinung äußern, die anders denken und anders sind, als die so genannte breite Masse.

Erst ein hohes ethisches BewusstSein, durch steten Zuwachs an Wissen, schafft eine gesunde Individualität und hinreichend Stabilität bei der Begegnung mit dem Göttlichen TAO.

Die Druiden des TAO schaffen, einzeln oder im Verbund, die Basis für Spiritualität im Hier und Jetzt, damit unser aller Zukunft wieder lebenswerter wird.

Die Druiden des TAO bilden eine spirituell offene Gemeinschaft selbstbewusster Weltbürger.

Mit der Kraft des Beieinander, des Miteinander sowie des Zueinander, also der Gemeinschaft, kreieren die Druiden des TAO beständigen Wandel: Bewegung zur Evolution.

Dieser Wandel dient der Entwicklungen. Denn Stillstand bewirkt einen zwangsläufigen Rückschritt, wie wir es bei so manchem diktatorisch geführten Staatswesen beobachten können.

Der Wandel in der Art und Weise von Fortschritt soll der Menschheit helfen, in Harmonie und in Freiheit zu existieren.

Auch die Projekte anderer Menschen guten Willens werden von den Druiden des TAO unterstützt, wenn deren Ziele die Verbesserung von bestehenden Verhältnissen und die Schaffung höherer Zustände sind.

Insbesondere den Irrungen und Wirrungen im Geiste, dem Verstand der Menschen, muss Einhalt geboten werden. Dies bezieht sich sowohl auf den Einzelnen als auch auf die Denkweise von Vielen. Denn die Masse Mensch trägt in sich den Kern von Dummheit.
Nur durch individuelle Menschen sind seit Alters her neue und bessere Entwicklungsschritte getan worden.
Es gilt demgemäß TAO, das Geistige Wesen, die Seele, die Person selbst, wieder gemäß seiner Bestimmung zu bestätigen.

Gemeinsam mit den Druiden der Neuzeit, ursprünglich vom Orden der Druiden des TAO ausgebildet und eingesetzt, stimmen wir in den folgenden Text ein:

„Viele sind Gestrandete auf diesem Planeten.

Hier leben sie in entwurzelten Gesellschaftsformen
voller Unsicherheiten.

Lasst uns, im Sinne der Druiden alter und neuer Zeit,
gemeinsam den Stamm des Lebensbaumes wieder
aufrichten, das Wurzelwerk neu beleben.

Hegen und pflegen, immer wieder frisch bewässern
und vor Ungeziefer schützen; dies soll unser aller Aufgabe
sein.

Zugleich lasst uns junge Bäume pflanzen, deren Wurzeln
den Boden kräftigen, deren Kronen den alten Baum stützen.

Als frisch erstandener, eng miteinander verbundener
Wald vermag diese erneuerte Kultur den Stürmen der
Zeit zu trotzen."

Der Orden der Druiden des TAO:

DRUIDEN des TAO sind Wissende
die sich selbst als hilfreiche Berater der Menschen sehen.
Sie bilden eine lockere Gemeinschaft. Lediglich die Anwendung des Wissens und die erklärte Zustimmung zum Kodex der Druiden des TAO, lässt sie ein wenig mehr in TAO schwingen.

Druiden des TAO setzen sich ein
für die Rückkehr der Seele in den Alltag des Lebens.
Sie mischen sich immer dann ein, wenn Unterdrückung droht oder herrscht und wenn Menschen in Not sind.

Die Gemeinschaft der Druiden des TAO bildet die Plattform
für geistig spirituellen Austausch mit allen anderen religiösen Formen und religiösen Denk- und Glaubensrichtungen.

Im Rahmen kommunikativen Zusammenseins, der geistigen Verbindung, entsteht die Basis für eine gemeinschaftliche Zukunftsgestaltung, die Basis für Religiosität und Spiritualität im HIER und JETZT. Damit ist unser aller Gegenwart und dann auch die Zukunft wieder lebenswert.

Die Gemeinschaft fördert und verstärkt die Zusammenarbeit geistiger Kräfte in der Gesellschaft.

Durch die Verbreitung ethischer Werte bemüht sich der Orden dabei, um gegenseitiges Verständnis, um Respekt, Vertrauen, Akzeptanz, nicht zuletzt auch um Verstehen.

Ziele des Ordens:

> Mehr Lebensqualität und Wohlstand für alle Menschen

> Harmonie, Glück und Wohlbefinden sowie Zufriedenheit

> BewusstSein, bewusstes Sein im Dasein, im HIER und JETZT

> Gesunde Individualität, Selbsterkenntnis und Selbstbestimmung

> Vermehrte Sensibilität und ausgeprägte Spiritualität

> Erhöhter Selbstwert, Ehre und Stolz des Individuums

> Gegenseitiges Verstehen, Respekt und Anerkennung

> Mehr Verständnis und offenherzige Gesprächsbereitschaft

> Ein friedvolles Zusammenleben aller Menschen im Miteinander mit allen Lebewesen.

Unsterblichkeitslehre der Druiden

Die Lehre der irdischen Druiden ist:

„Die Seelen und die Welt sind unvergänglich. Eines Tages aber gewinnen Feuer und Wasser die Oberhand.
Alles wird dann abwechselnd geschmolzen und bald wieder verfestigt, damit völlig erneuert."

Entsprechend der pythagoreischen Anschauung soll die machtvolle Seele eines Menschen im Verlaufe bestimmter, wechselnder Jahre wieder aufleben und in einen anderen Körper eintauchen.

Manche Anhänger dieser Glaubensrichtung werfen daher bei Totenbestattungen Briefe auf den Scheiterhaufen.
Sie sind an ihre verstorbenen Verwandten oder ihre Freunde gerichtet. In der Hoffnung sie würden von den Toten gelesen und die Geistwesen erfüllten einige der geäußerten Wünsche.

Ein ähnlicher Glaube an die Wiedergeburt in immerfort neuen Körpern machte die Kelten sowie die Germanen besonders tapfer.

Dieser Glaube ist der Hauptgrund, weshalb sie dem Leben weniger Beachtung entgegen brachten.

Hier nun einige Aussagen von römischen Gelehrten und Geschichtsschreibern, die auf ihre Art das Druidentum darstellen.

Die Kelten und Germanen führten, wie wir wissen, keine eigenen Aufzeichnungen:

„Unzerstörbar, so behaupten sie wie auch andere, sei die Seele und der Kosmos; doch werde einmal Feuer und Wasser die Oberhand gewinnen."

Poseidonios um 100 v.Chr.

„Auch ihr Druiden, greift von den abgelegten Waffen her die barbarischen Riten und die finsteren Bräuche eurer Heiligtümer wieder auf. Euch allein sei gewährt, die Gründe zu kennen, sowie die Wirkmächte des Himmels oder euch allein, sie nicht zu kennen.

Ihr bewohnt die tiefen Wälder, wo kein Licht hinreicht. Unter eurer Urheberschaft eilen die Totenschatten nicht zu der schweigenden Wohnstätte des Erebus und zum blassen Reich des Dis in der Tiefe sondern der gleiche Lebenshauch lenkt die Körperglieder in einem anderen Himmelsgewölbe.

Der Tod ist die Mitte eines langen Lebens, wenn ihr singt, was euch bekannt ist.

Gewiss sind die Völker, auf welche die beiden Bären [die Sternbilder nördlich der Alpen] hinab blicken ob ihres Irrens glücklich, welche jener größte der Schrecken, nämlich die Furcht vor dem Tod nicht bedrängt."

Strabo IV 4,4

„Sie sind von der Unsterblichkeit der menschlichen Seele überzeugt; ich würde sie deswegen für dumm halten, stimmten die Vorstellungen dieser bärtigen Barbaren nicht mit Ideen überein, die auch Pythagoras, den das Pallium schmückte, vertreten hat."

Marcus Annaeus Lucanus in Pharsalia,
De bello civilis, I,450 ff.

„Die Druiden lehren, dass die Seele unsterblich sei und dass bei den Verstorbenen nach dem Tod ein neues Leben beginne.
Daher verbrennen und bestatten sie mit den Toten zusammen Dinge, die fürs Leben geeignet sind."

Valerius Maximus (II,6,60)

„Bei ihnen herrscht die Lehre des Pythagoras, dass die Seelen der Menschen unsterblich seien und nach Ablauf einer bestimmten Zahl von Jahren wieder ins Leben treten.
Andererseits kann der gedankliche Ansatz einer dreieinigen Logik als Trinität der zeitlosen Seele, wie aus keltischer Kultur überliefert, mit aktuell naturwissenschaftlicher Erkenntnis in der Moderne weiter gedacht werden: Die (gedankliche) Wiedergeburt durch die gelebte Gegenwart (Ewigkeit), indem die Seele in einen neuen Körper übergeht."

Pomponius Mela III,19

„Was ist Wiedergeburt? Auffällig sind die Vergleiche mit den bedeutsamen Rahmenbedingungen der Menschen wie etwa Geburt oder aus dem Schlaf aufwachen. Solch bildhaft vergleichendes Denken ist verständlich:

Menschen wünschen sich Sicherheit im Chaos der Wahrheit einer Naturgewalt von Himmel und Erde; das ganze Streben richtet sich danach, Geborgenheit in allen Lebensbereichen zu finden."

Diodor V 28,6

Das real erlebte, geschützte Dasein als Embryo im Mutterleib soll angeblich oder vermutlich eine Ur-Sehnsucht von Menschen sein.

Ebenso könnte auch dieser Traum vom ewigen Leben ein uralter Menschheitstraum sein.

So entstanden ebenfalls die unterschiedlichsten Vorstellungen und die Theorien aus Metaphysik und Religion zum Begriff von Wiedergeburt.

Es entstanden Vorstellungen in Glaubensrichtungen, wie etwa die Lehre von den letzten Dingen (Eschatologie), die Wiederverkörperung oder die Reinkarnation, die Karmalehre, die Seelenwanderung, die Auferstehung oder die Auferweckung und Ähnliches.

Die Phantasie setzt hierbei keinerlei Grenzen. Diese Art Themen füllen ganze Bibliotheken.

Dabei wird die bekannte oder unbekannte kosmische Wirklichkeit der geistigen Anderswelt nicht im Geringsten behindert.

Eine entscheidende Frage ist: **Was bedeutet ewig?**

Bis ins 20te Jahrhundert musste der Zeitbegriff „ewig" mittels Vergleich erfasst werden. Die Ewigkeit ist eine als linear betrachtete, historisch unvorstellbar lange Dauer ohne irgendein Ende.

Erst durch die Erkenntnis der Relativität von Zeit und deren Bezug zu Position und Geschwindigkeit im Raum entstand ein neues Paradoxon: Sich unablässig wiederholende Momente als zeitlose, gleichzeitige Gegenwart.

Seither können die Bedeutungen von ewig, unvergänglich und unsterblich, im übertragenen Sinne, als zeitlose Gegenwart verstanden werden.

Wann, wo und wie findet Wiedergeburt statt?

Die **Betrachtung 1**: Zeit ist ein paradox zeitloser, nicht messbarer Moment von Gegenwart.

Davon ausgehend, findet auch jenes, was von den Menschen früherer Zeiten als Wiedergeburt bezeichnet wurde, sich unablässig wiederholend statt.

Die **Betrachtung 2**: Die Geburt und der Tod von Lebendigem haben eine exakte Polarität des Lebendigen, mit Anfang und Ende, ohne weitere Bedeutung oder Auslegung, sondern sind einfach eine biologische Tatsache.

Der Sinn von Gegenwart ergibt sich hierbei als die Verbindung der vergangenen mit den zukünftigen Momenten.

Die **Betrachtung 3**: Transzendenz ist mehr als nur ein Wahn der Sinne, wie es uns aus den Richtungen von Neurologie und Psychologie beigebracht wird.

Die natürliche Hauptaufgabe der Wahrnehmung durch den Menschen besteht darin, all jenes wahrzunehmen, was als unbekannte Wirklichkeit ständig präsent ist.

Dies ist nicht die Normalität von Realität der Menschen.

Der die Wahrnehmung verlassende Bereich, die Transzendenz, ist auch in der absoluten Normalität der menschlichen Gegenwart verkörpert.

Die **Erkenntnis**:

Eine Wiedergeburt findet auf diese Art und Weise ständig statt.

Das eigentliche Ziel menschlicher Existenz ist die Wiedergeburt in der gelebten Gegenwart, der immer währenden Ewigkeit.

Wirklich dauerhaft glückliche Menschen haben stets den Himmel auf Erden, in der absoluten Wissensgewissheit um die Verknüpfungen von Vergangenheit und Zukunft als Gegenwart.

> **„Nimmer vergeht die Seele,
> vielmehr die frühere Wohnung
> tauscht sie mit neuem Sitz und
> lebte und wirkt in diesem.
> Alles wechselt, doch nichts geht unter."**

Pythagoras

Über den Autor:

Günter Karl Skwara, *19.07.1952

Während seiner vielfältigen beruflichen Tätigkeiten erlangte er Einblicke hinter die Kulissen von Betriebs- und Volkswirtschaft. Ihm offenbarten sich zudem die sozialen Zusammenhänge, mit all ihren Ungerechtigkeiten und Abgründen.

Bei seinem Aufenthalt in Frankreich (1991 bis 1992) eignete er sich verschiedenes Wissen und Fähigkeiten an. Er wurde Heiler von Morhange genannt und war anerkannt als "Meister des Wandels" (master of change).

Seine Absicht besteht seitdem darin, Menschen aus dramatisch verfestigten Problemstellungen heraus zu helfen (physischer, psychischer sowie sozialer Art).

Als guter Zuhörer entlastet er, mittels Spiritueller Rückführungen, die schwierigen Situationen seiner Rat- und Hilfesuchenden.

Mit leichter Hand führt er seine Freunde zu eigenständig gefundenen Lösungswegen.

**Er ist Begleiter auf dem Pfad
zu Wohlbefinden, Zufriedenheit und GlücklichSein.**

Günter Skwara

Spiritueller Rückführer

Meditationsbegleiter

Berater für Mentale Kommunikation

> **Spirituelle Rückführungen**
> > Finden von Ursachen, Aufarbeiten und Bereinigen alter Ereignisse, Rehabilitation und Mobilisierung von Kreativität, (Los)Lösen belastender karmischer Verstrickungen und mehr. Transformation vom Menschsein zu TAO, dem Geistigen Wesen.

> **Mentale Kommunikation**
> > Die Magie effektiver, mentaler Kommunikation ist der Königsweg, zur Lösung aller, von Menschen inszenierter, Probleme. Bestandteile des Magischen Quadrates für Verstehen dienen als Leitgedanken.

> **Ganzheitlicher Energiefeldausgleich**
> > Aus dem Gleichgewicht geratene Lebensenergie wird wieder stabilisiert und harmonisiert > für mehr Ausgeglichenheit, Stabilität und Balance im Dasein.

> **Spiegelmeditation**
> > Selbsthilfeprogramm: Erschließt Euch den Weg zum Selbst (zu Selbsterkenntnis, Selbstbestimmung, Selbstständigkeit). Taucht ein und rehabilitiert uralte Fähigkeiten!

Kontakt zum Start ins Abenteuer:

rueckfuehrer@googlemail.com
www.rueckfuehrer.de
www.studio-chi.de